西方经济学基础教程

主 编 孙春香 副主编 徐 岩

吉林大学出版社
·长春·

图书在版编目（CIP）数据

　　西方经济学基础教程／孙春香主编．-- 长春：吉林大学出版社，2021.1
　　ISBN 978-7-5692-8061-6

　　Ⅰ.①西… Ⅱ.①孙… Ⅲ.①西方经济学-教材 Ⅳ.①F091.3

中国版本图书馆 CIP 数据核字（2021）第 029935 号

书　　名	西方经济学基础教程 XIFANG JINGJIXUE JICHU JIAOCHENG
作　　者	孙春香　主编
策划编辑	李伟华
责任编辑	李伟华
责任校对	单海霞
装帧设计	王　艳
出版发行	吉林大学出版社
社　　址	长春市人民大街 4059 号
邮政编码	130021
发行电话	0431-89580028/29/21
网　　址	http：//www.jlup.com.cn
电子邮箱	jdcbs@jlu.edu.cn
印　　刷	三美印刷科技（济南）有限公司
开　　本	787mm×1092mm　1/16
印　　张	10.5
字　　数	210 千字
版　　次	2022 年 1 月　第 1 版
印　　次	2022 年 1 月　第 1 次
书　　号	ISBN 978-7-5692-8061-6
定　　价	58.00 元

版权所有　翻印必究

前言

本书介绍的是20世纪30年代以来在西方国家占据主流地位的经济学理论，以美国经济学家萨缪尔森（Paul A. Samuelson）的"新古典综合"学派的理论体系为主。介绍了当代西方经济学的主要流派；对微观经济学及宏观经济学的研究方法、研究对象、研究内容和中心理论进行了阐述；进一步分析了微观经济学和宏观经济学的联系。本书内容相当于初级的微观经济学及宏观经济学，既适用于非经济管理类本专科生的专业课学习，也可以给相关的研究者和爱好者提供帮助。

本书在编写过程中，参阅了相关教材、专著，吸收了专家、学者的前沿理论观点，在此表示衷心感谢。

由于能力有限，书中的不足之处恳请读者斧正。

编　者
2020年12月

目 录

第一章 导论 ··· 1
　第一节 当代西方经济学流派 ··· 1
　第二节 西方经济学及其研究对象 ·· 4
　第三节 西方经济学的研究方法 ··· 7

第二章 需求、供给和价格理论 ··· 10
　第一节 需求 ··· 10
　第二节 供给 ··· 14
　第三节 供求曲线的共同作用 ··· 18
　第四节 弹性理论 ··· 22

第三章 效用理论 ·· 31
　第一节 效用论概述 ··· 31
　第二节 边际效用分析法 ··· 34
　第三节 无差异曲线 ··· 37

第四章 生产理论 ·· 47
　第一节 厂商 ··· 47
　第二节 生产要素的投入区域 ··· 51
　第三节 成本理论 ··· 61
　第四节 规模报酬 ··· 68

第五章 市场理论 ·· 70
　第一节 企业行为与市场结构 ··· 70
　第二节 完全竞争市场中的厂商均衡 ·· 72
　第三节 完全垄断市场中的厂商均衡 ·· 77
　第四节 垄断竞争市场中的厂商均衡 ·· 83

第五节　寡头垄断市场的厂商均衡 ……………………………… 86

第六章　要素理论 ……………………………………………………… 90
　　第一节　生产要素价格决定的基本原理 ………………………… 90
　　第二节　生产要素价格的决定 …………………………………… 92
　　第三节　分配均等程度的度量 …………………………………… 98

第七章　国民收入核算与决定 ……………………………………… 101
　　第一节　宏观经济学导论 ………………………………………… 101
　　第二节　国民收入核算 …………………………………………… 102
　　第三节　国民收入决定 …………………………………………… 110

第八章　IS-LM 模型和 AD-AS 模型分析 ………………………… 114
　　第一节　产品市场均衡——IS 曲线 ……………………………… 114
　　第二节　货币市场均衡——LM 曲线 …………………………… 119
　　第三节　总需求曲线 ……………………………………………… 124
　　第四节　总供给曲线 ……………………………………………… 127

第九章　宏观经济政策 ……………………………………………… 131
　　第一节　宏观财政政策 …………………………………………… 131
　　第二节　宏观货币政策 …………………………………………… 135

第十章　失业和通货膨胀理论 ……………………………………… 141
　　第一节　失业理论 ………………………………………………… 141
　　第二节　通货膨胀理论 …………………………………………… 145

第十一章　经济增长理论 …………………………………………… 152
　　第一节　经济增长的概念与衡量 ………………………………… 152
　　第二节　经济增长理论 …………………………………………… 154
　　第三节　哈罗德-多马经济增长模型 …………………………… 156

第十二章　经济周期理论 …………………………………………… 157
　　第一节　经济周期的定义 ………………………………………… 157
　　第二节　经济周期的阶段划分 …………………………………… 157
　　第三节　经济周期的类型 ………………………………………… 159

参考文献 ……………………………………………………………… 162

第一章　导论

为什么学习西方经济学？当代西方经济学的主要流派是什么？什么是经济学？经济学的研究对象和研究内容是什么？怎样学习西方经济学？这些问题是每个经济学读者关心的问题。本章先对上述问题做出阐述。

为什么要学习西方经济学，主要有以下几个原因。

其一，学习经济学有助于你了解生活的世界。有许多经济问题会引起你的好奇心，为什么市中心的房价高？为什么有些商品经常降价销售而有些商品却很少降价？为什么有时通货膨胀，有时通货紧缩？……这些问题恰恰是经济学课程可以帮助你回答的。

其二，经济学将使你精明地参与经济。在日常生活中你要做出许多经济抉择，是升学还是就业？多少收入用于支出？多少收入用于储蓄？作为一个公司老板，你要决定你的产品定价，学习经济学本身不会使你富有，但它将给你一些有助于你致富的手段。

其三，它将使你更加理解经济政策的潜力与局限性。为什么我们国家要加入世界贸易组织？为什么有时会降低法定存款准备金率？为什么会降低利率等。这些问题不仅是国家高层决策者们的事，也是我们老百姓的事。

因此，经济学可以运用到生活中的许多方面。无论以后你阅读报纸、管理企业，在政府机关就职，或者你就是一个普通的消费者，你都会为学习过经济学而感到欣慰。

第一节　当代西方经济学流派

当代西方经济学的特点之一是流派林立、观点各异。了解各个流派的理论观点，分析方法与政策主张对我们学习西方经济学是十分有益的。

西方经济学是在16世纪以后产生并发展起来的，资产阶级经济学从它的

第一章 导论

产生一直到现在，经历了重商主义、古典经济学、庸俗经济学和庸俗经济学后四个阶段。庸俗经济学产生于18世纪末，当时古典经济学派仍然居于主要地位。1830年以后，资产阶级经济学从古典经济学派阶段走上了庸俗的道路。庸俗经济学大致结束于19世纪70年代。这一时期的主要变动就是边际效用论的兴起，他们认为国家对经济进行干预只能使经济变得更坏而不能变好。

20世纪30年代之后，传统的西方经济学先后经历了三次大的修改和补充，其中最重要的就是凯恩斯（John Maynard Keynes）对西方经济学的修改。1929年后，西方国家出现了经济大萧条的状况，西方国家政府为摆脱萧条状况开始干预经济生活，但此时国家干预经济还没有理论依据，在此背景下，凯恩斯于1936年出版了《就业、利息和货币通论》一书。在这本书里，凯恩斯不仅维护了传统西方经济学对资本主义的宣扬，也为西方国家干预经济的政策奠定了理论基础。当代的西方经济学可以说是从凯恩斯主义开始的，其他流派都与凯恩斯主义有直接或间接的关系，也就是说，有的流派是从凯恩斯主义发展、分化出来的，有的流派则是作为凯恩斯的对立面出现的。所以说，从这个角度出发可以将当代西方经济学划分成两个大的流派：一是凯恩斯主义的产生、发展与分化派；二是凯恩斯主义的反对派。其中每个大派别里还有小派别。

一、凯恩斯主义的产生、发展与分化派

（一）新古典综合派

新古典综合派的主要代表人物是美国经济学家萨缪尔森。新古典综合派主张把新古典经济学与凯恩斯主义结合起来，以形成一个适合于当代资本主义需要的，既有微观经济理论又有宏观经济理论的新体系。

（二）新剑桥学派

新剑桥学派的主要代表人物是英国经济学家琼·罗宾逊（Joan Robinson）。新剑桥学派主张进一步割断凯恩斯主义与新古典经济学之间的关系，以分配理论为中心来完成凯恩斯革命，解决当代资本主义社会存在的严重问题。

这两个学派都从凯恩斯主义出发来建立自己的理论体系，都以正统的凯恩斯主义继承者自居，但他们之间在许多理论问题上进行了长期的争论。

二、凯恩斯主义的反对派

(一) 新自由主义各流派

美国经济学家弗里德曼（Milton Friedman）的现代货币主义是当代自由主义各流派中影响最大的流派。现代货币主义认为货币供应量的变动是物价水平和经济活动变动的最根本的原因。主张以自由放任为根本政策，辅之以政府对货币供给量的控制。

(二) 新制度学派

新制度学派的主要代表人物是美国经济学家加尔布雷斯（John Kenneth）。新制度学派认为资本主义的弊病在于制度结构的不协调，并提出了进行制度改革的政策主张。

三、新古典综合派的主体地位

新古典综合派在第二次世界大战以来一直居于统治地位，这种状况大约在20世纪60年代中期以后有所改变，改变原因在于以下几点。

首先，进入20世纪70年代以后，西方国家出现滞胀，即失业与通货膨胀并存，新古典综合派的宏观部分不能解释。

其次，对新古典综合派所包含的原有的微观经济学部分，一部分西方经济学家对它的基本假设前提提出了质疑并提出了新见解。像市场参与者都具有完备的市场信息，这显然是不合理的。

再次，一些西方学者也分别从不同的角度和领域来研究经济现象。主要有人文经济学、演化经济学、国际政治经济学等，它们分别从人类学、社会学、国际政治等角度或领域来解释经济现象，给原有的新古典综合派添加了新内容。

最后，西方学者使用了更多的研究方法。除了使用比以往更为复杂和高深的数学和计量经济学的方法外，他们还设计了一套目标程序研究实际人的经济行为。此外还运用计算机来模拟人的行为。

但总的说来，这些改变并没有给新古典综合学派造成重大的影响，现在的西方经济学跟过去的新古典综合学派无论在形式上还是在实际内容上都是基本相同的，我们学习的《西方经济学》就主要是新古典综合派的理论体系。

第一章　导论

第二节　西方经济学及其研究对象

一、经济学的产生

每一门科学的产生都有其客观必然性，例如，天文学产生于游牧民族确定季节的需要，几何学产生于农业中丈量土地的需要。经济学产生于什么需要呢？西方经济学家认为，经济学产生于客观存在的稀缺性及由此所引起的选择的需要。

西方经济学家把满足人类欲望的物品分为"自由取用物品"与"经济物品"。自由取用物品是无限的，例如空气、阳光等。经济物品是有限的。如水资源、电器、家具、食物等。相对于人的欲望来说，"经济物品"或者说生产这些物品所需要的资源总是不足的，这就是稀缺性。

在任何一个国度里，无论资源多么丰富，其资源都是相对有限的。由于资源有限，那么生产出来的商品也是有限的，这是任何一个经济社会不可否认的现实。然而，人们消费商品的欲望（或需要）却是多种多样、多层次和永无止境的。资源的有限性和需要的无限性构成一对矛盾，导致稀缺。相对于人类需要的无限性而言，任何资源和商品都是稀缺的，这便是稀缺法则。由于稀缺性的存在，人们就必须对现有的资源的使用去向做出选择，稀缺本身就隐含着选择。选择是在一定的约束条件下，在不同的可供选择的事件中进行挑选的活动，它是稀缺性的必然结果。换言之，如果不存在稀缺性，便没有必要去选择，也没有必要去节约。从这个意义上说，经济学就是一门关于如何在给定的约束条件下做出最佳选择的学问。

总之，任何选择都是有代价的。一旦某一选择已定，便会招致机会成本。因此，机会成本是用所失去的最佳选择来度量的成本或收益。经济学研究就是使决策者在现有信息的情况下，如何使机会成本更小一些。

二、经济学的定义

各个国家的经济学家和经济著作中对经济学下了表述不同的多个定义，新古典经济学的主要代表任务英国的经济学家马歇尔（Alfred Marshall）曾经指出，经济学"是一门研究人类一般生活事物的学问，它研究个人和社会活动中与获取和使用物质福利必需品最密切相关的那一部分"[①]。美国经济学家萨缪尔森定义经济学为"经济学研究的是一个社会如何利用稀缺的资源生产有价值的商品，并将它们在不同的人中间进行分配"[②]。综合各方观点，我们认为经济学是一门研究人类社会怎样有效率地分配和使用其稀缺性的生产资源于各种用途，以达到既定目标的社会科学。

三、经济学的研究对象

西方经济学的研究对象可以分为微观经济学的研究对象和宏观经济学的研究对象。微观经济学研究生产什么，生产多少，怎样生产和为谁生产的问题。宏观经济学的任务是研究一个社会的经济资源是否被充分利用，物价是否稳定，经济是否稳定增长。

四、西方经济学的基本内容

在当代西方经济学中，按研究的对象来划分可以分为微观经济学（microeconomics）和宏观经济学（macroeconomics）。微观经济学主要研究资源配置问题，宏观经济学主要研究资源利用问题。

（一）微观经济学

1. 微观经济学的定义

微观经济学以单个经济单位为研究对象，研究和分析资本主义社会中单个经济单位的经济行为及其相适应的经济变量是如何决定的。微观经济学研究在市场经济中个体决策单位，如单个消费者、单个资源拥有者和企业的经济行为。它的着眼点是"个体"的，而不是"总体"的。因此，微观经济学也被称为"个量经济学"。

2. 微观经济学的三个基本假定

其一，市场出清。商品价格具有充分的灵活性，使市场的需求与供给迅速达到平衡，可以实现资源的充分利用，不存在资源闲置或浪费。

其二，完全理性。个体最优化行为起着关键的作用，它是"价格调节使整个社会的资源配置实现最优化"的前提。经济行为是理性的。西方经济学家认为，人都是自私的，他首先要考虑自己的经济利益，在做出一项经济决策

[①] ［英］马歇尔. 经济学原理（上），朱志泰等，译 [M]. 商务印书馆，1997：23.
[②] ［美］萨缪尔森、诺德豪斯. 微观经济学（第18版）[M]. 萧琛，译. 人民邮电出版社，2008：4.

时，对各种方案进行比较，选择一个花费最少，获利最多的方案。这样的人就是"经济人"，有理性的经济行为。理性的行为也可以表述为：产生最优化的行为。

其三，完全信息。消费者和厂商可以免费、迅速、全面地获得各种市场信息，假设从事经济活动的主体对各种信息都充分了解。比如对于消费者来说，完全的信息是指消费者了解欲购商品的价格、性能、使用后自己的满足程度等。

这些假设在现实中并非完全符合实际，那么能不能说假设就没有意义呢？并非如此，经济分析做出假定，是为了在影响人们经济行为的众多因素中，抽出主要的、基本的因素，在此基础上，可以提出一些重要的理论来指导实践。假设是理论形成的前提和条件。但假设在大体上不违反实际。

3. 微观经济学的基本内容

微观学的理论体系十分庞大，涉及社会生活中的所有单个经济单位，但就其主要内容来看，可分为以下几个方面：消费者行为理论、生产理论或成本理论、市场理论或市场组织理论、要素价格决定理论、一般均衡理论和福利经济学。

（二）宏观经济学

1. 宏观经济学的定义

宏观经济学把一个社会整体的经济活动作为考察对象，研究和分析国民经济中各个有关变量的决定因素及其变化，因而又称为总量经济学。宏观经济学是研究宏观经济总量的一门学科，宏观经济总量或称宏观经济变量主要包括国民收入及其增长、价格总水平、就业与失业、利率水平和国际收支等。微观经济学研究某个别商品的均衡价格及其产量的决定，而宏观经济却研究总的产出水平和总的特价水平。

2. 宏观经济学的基本假定

其一，市场机制是不完善的。市场的自发性、盲目性及外部性因素都影响市场机制的运行，导致市场机制不能完善地发挥作用。

其二，政府有能力调节经济，纠正市场经济的缺陷。主张政府应该而且能够调控一国经济。

3. 宏观经济学的基本内容

宏观经济学研究的主要内容有以下几个方面：国民收入决定理论、经济周期理论、经济增长理论、经济发展理论、货币和通货膨胀理论、国际经济理论、宏观经济政策（包括财政和货币政策）。

第三节 西方经济学的研究方法

一、实证经济学和规范经济学

（一）实证经济学和规范经济学的含义

1. 实证经济学

实证经济学是对经济过程的判断，不涉及经济运行的好坏评价，也不涉及经济运行过程应该如何运行，而是指考察经济运行的实际过程，分析实际运行过程中各种经济事物之间的相互关系及其运行规律。其特点表现为：经济学中的实证分析就是客观描述经济事件"是什么"（或"不是什么"），它要揭示有关经济变量之间的因果关系。例如：医生的工资为什么比看门人高？增加税收对经济的影响是什么？等等。它所研究的内容具有客观性，它的结论是否正确可以通过经验事实来进行检验。

2. 规范经济学

规范经济学以一定的价值判断为出发点，提出某种经济伦理标准，以此作为分析和研究问题的依据，并进一步分析和研究经济行为和经济活动如何才能符合这些标准。其特点表现为：经济学中的规范分析就是研究经济活动"应该是什么"，或研究"应该如何解决经济问题"。例如：政府应该降低房贷利率以更好地去房地产库存吗？穷人应该工作才能得到政府的帮助吗？等等。它所研究的内容没有客观性，所得出的结论无法通过经验事实进行检验。

（二）实证经济学的研究方法

用实证经济学的方法研究经济问题时，就是要提出用于解释经济现象的理论，用事实检验理论，并根据理论作出预测。西方经济学家认为理论是由定义、假设、假说和预测所组成的。

定义是对经济学所研究的各种变量所规定出的明确的含义。

变量是一些可以取不同数值的量。经济分析中常用的变量可以分为内生变量、外生变量、流量和存量等。内生变量是指在某一理论（或模型）中需要被解释的变量，即由经济力量所决定的变量；而外生变量是由这一理论之外的其他因素所决定的、且会影响到内生变量的变量，即由非经济因素（如政治、自然等）决定的变量；流量是在一定时期某一变量的加总量；而存量（flow）是在某一时点上某一变量的数量。借助统计学的术语，流量为一个时期数，如一年总收入；而存量为一个时点数，如某人在某一时点上在银行存款的数量。

假设，是理论所适用的条件。

假说，是对两个或更多的变量之间关系的阐述，即未经证明的理论。

预测，是根据假说对未来进行预期，科学的预测是一种有条件性的说明，其形式是"如果…，就会…。"

在形成一种理论时，首先要对所研究的变量的含义作出明确的规定，然后在一定的假设条件下提出假说，并根据这一假说对未来进行预测，最后用经验事实来验证预测。如果预测是对的，那么假说就是正确的理论；反之如果预测是错的，那么这种假说就要被否定，或要进行修改，以形成正确的理论。

二、均衡分析

从经济学诞生以来，均衡的概念一直是经济学家思维的基础。然而，遗憾的是经济学家使用均衡时内涵有所不同，至少有以下四个方面的含义。

（一）方法论意义上的均衡

它被称作一种静止的状态。即一个给定参数的经济系统被说成处于均衡状态，是指内生变量不会随时间而改变。通俗地说，当一个经济系统内所有不同方向的力量处于相对静止状态时，它就是一种均衡。当系统内的力量发生变动，原均衡被打破、便向新的均衡方向移动。

（二）理论意义的均衡

这一概念在微观经济学中大量出现。比如，某一产品的市场处于均衡状态，且仅当供给量等于需求量的时候，这一均衡概念较狭窄。现在，西方学者偏好于使用一个新的概念——市场洗清，来代替这一狭义的均衡。因此，均衡价格和均衡产量亦被称为"市场洗清价格"和"市场洗清产量"。本书中对这两套概念等价使用。

（三）行为假设意义上的均衡

微观经济学中的"消费者均衡"和"生产者均衡"便是"行为假设意义上的均衡"的例子。

（四）规范意义上的均衡

一种状态为均衡，如果从某种意义上被视为理想的话就称为规范意义上的均衡。例如，充分就业为政府的目标之一，因此，就有"充分就业均衡"一说。

三、静态分析、比较静态分析和动态分析

静态分析的特征就是所有的变量都是同一时期的，即不考虑时间因素。比较静态分析就是研究"曲线移动"的效应，更确切地说，它始于原均衡点，同时引入某些随时间而变的变量，形成新的均衡点。比较静态分析就是"比较"新、旧均衡点的分析方法，即"比较"起点和终点，但不研究过程本身。动态分析与比较静态分析的相似之处在于变量为不同时期，差异在于，后者不考虑实现新均衡的途径、过程，而前者要研究调整的过程。

四、经济模型

经济模型是描述和分析所研究的经济现象之间依存关系的理论结构。经济模型不等同于数学或数学模型，但经济学家认为数学是进行逻辑推演的有效手段，因此主要运用数学工具建立经济模型。

五、边际分析

边际分析是现代经济学的又一常用的分析方法。实质上，"边际"就是一阶导数，边际分析实质上就是将微分学引进经济学。它导致了西方经济学一次时代的革命，史称"边际革命"。

六、归纳法和演绎法

西方学者在进行经济研究时，间或使用归纳法和演绎法。归纳法，又称经验分析，它是从事实过滤到理论的一种方法。归纳法要求掌握大量的资料，对之进行观察、筛选，推导出一般化结论。因此，归纳就是从事实到理论、从特殊到一般的过程。演绎法，又称假说法，它是从理论到事实、从一般到特殊的一种研究法。大多数经济学家认为，归纳和演绎是相互补充的，而不是相互排斥的方法。

第二章　需求、供给和价格理论

第一节　需求

一、需求的含义及其影响因素

(一) 需求的含义

经济学研究消费者的选择行为,而不去研究人们的需要。因为需要是一种主观意愿,它和价格及消费者的收入无关,是当价格为零时你想要多少的问题。但是,一旦收入给定,在某一个大于零的价格条件下,你想买多少,便是一个需求的问题。因此,需求是与价格密切相关的。严格地说,需求是指在一定时期内,在一定的价格条件下,消费者所愿意购买某种商品的数量。

需求有个体需求和市场需求之分,需求个体是指单个需求主体产生的需求,市场需求是指若干个需求主体之和。

需求必须具备两个基本条件。第一,消费者要有购买愿望;第二,消费者要有支付能力。

(二) 影响需求的主要因素

1. 商品自身的价格

一般地说,一种商品的价格越高,需求量越小。相反,价格越低,需求量越大。对于奢侈品和吉芬商品(即一些低档的生活必需品)来说,价格上涨,需求量不降反升。

2. 消费者的收入水平

对大多数商品来说,当消费者的收入水平提高时,就会增加对商品的需求量。反之则减少需求量。例如汽车，在消费者收入水平比较低的时候，其需求量较少，而随着收入的提高，消费者对汽车的需求量逐步增加。

3. 相关商品的价格

当一种商品的价格不变，而与它相关的商品的价格发生变化时，这种商品的需求量也会发生变化。例如，对于替代品，在其他条件不变的前提下，当馒头的价格不变而花卷的价格上升时，人们就会增加馒头的购买，从而使馒头的需求量上升。对于互补品，在其他条件不变的前提下，当眼镜架的价格不变而眼镜片的价格上升时，人们就会减少眼镜片的购买，从而使眼镜架的需求量也下降。

4. 消费者的偏好

当消费者对某种商品的偏好增强时，该商品的需求量就会增加，反之就会减少。例如对于苹果和桃子，某个消费者偏好苹果，则该消费者对苹果的需求量就大，对桃子的需求量就小。

5. 消费者对商品的价格预期

预期变量主要包括对自身商品价格的预期和对消费者个人收入的预期。当消费者预期某商品在近期会涨价时，为了避免未来支付更高的价格消费者会增加现行需求量。当消费者个人收入上升时，则对正常商品的需求量上升。

6. 人口

当市场中的人口增加时，对大多数商品的需求量会有所增加，市场需求曲线右移；反之则左移。

7. 气候

许多商品的需求量和天气变化相关。如冰激凌等季节性商品的需求量会随着季节的变化而发生变化。

此外，政府政策、社会时尚等也会对需求产生影响。在此，我们不多讨论。

二、需求与价格关系的表示方法

影响消费者对某商品的需求量有很多因素，但最重要的莫过于商品自身的价格。价格是消费者在购买某商品数量时所支付的货币量。需求量与价格的关系可以分别用需求函数、需求表和需求曲线来刻画。

（一）需求函数

1. 定义

需求函数是表明商品需求量与其影响因素之间关系的函数表达式。在其影响因素中，最主要的是商品自身的价格，因此，本书重点研究需求量与商品自身的价格之间关系的函数表达式,一般表示如下。

$$Q_d = f(P) \qquad (2.1)$$

其中,Q_d 表示需求量;P 代表价格;f 表示函数关系。

如果需求函数为线性的,则可表示如下:

$$Q_d = a - bP(a, b > 0) \qquad (2.2)$$

式中:a 为一常数,是与价格 P 相关的自发性需求,亦称外生变量;b 为一正数,$(-b)$ 则表明需求量与价格呈负相关。

如果需求函数为非线性的,则可表示如下:

$$Q_d = aP^{-b}(a, b > 0) \qquad (2.3)$$

2. 市场需求函数

需求函数也可分为个人需求函数和市场需求函数。需要注意的是,不能认为将个人需求函数相加便可得到市场需求函数。我们只能在一定价格条件下,将市场需求量加总起来。即

$$Q_D = \sum Q_{d_i} \qquad (2.4)$$

式中:Q_D 代表在某一价格条件下的市场需求量;Q_{d_i} 为第 i 个消费者在相同价格的个别需求量;符号 $\sum$ 代表着水平和。

(二) 需求表

商品的需求表是表示某种商品的各种价格水平和与各种价格水平相对应的该商品需求数量之间关系的数字序列表。

表2.1 就是某商品的需求表。从表中可以清楚地看到商品和需求量之间的函数关系。例如,当价格为1时,需求量为700个,当价格上升为2时,需求量下降为600,……当价格上升到7时,需求量则只有100个了,表明需求量与价格呈负相关。

表2.1 某商品的需求($Q=800-100P$)

价格-数量组合	A	B	C	D	E	F	G
价格/元	1	2	3	4	5	6	7
需求量/个	700	600	500	400	300	200	100

(三) 需求曲线

1. 需求曲线

需求曲线是表明商品价格与需求量之间关系的一条曲线。它亦可分为个人

需求曲线和市场需求曲线。图 2.1 是根据表 2.1 作出的。因此，它为个人需求曲线。将表 2.1 中每一组（P，Q）数值在图中描一个点，将这些点连接起来便得到一条需求曲线。

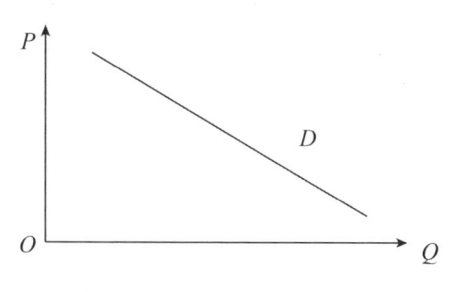

图 2.1 个人需求曲线

需求曲线是用曲线的形式表明某一个消费者的需求量与商品价格之间的关系。纵轴表示该商品 X 的价格，横轴表示商品 X 的数量（这里表现为需求量），曲线的任何一点均代表着某种价格与需求量的一种关系。

需求曲线有两个特征。其一，因变量 Q 从数学上说本应在纵轴，但它放在横轴；而自变量价格 P 本应在横轴，但它又在纵轴。为什么如此呢？最主要的原因是由英国经济学家马歇尔最早绘出，后人按照马歇尔惯例照抄不误；次要的原因可能是行文上的方便，比如说"在相同价格上，需求量增加或减少"就是看在同一水平的价格上需求量的变化，这就需要把价格放在纵轴。其二，需求曲线的斜率为负，它们的含义是：价格下降，你可能买得更多。

应该注意的是，需求曲线不一定都是直线型的，较多情况下它都表现为曲线型的形状。为简化分析过程，本书不特别说明，均使用线性需求函数。

2. 需求曲线的移动

需求曲线是在其他因素不变的情况下，反映了不同的价格水平上"需求量的变化"，换言之，需求曲线刻画的是仅有自身价格变动时"需求量的变化"。而其他因素的变化使得在相同价格水平上需求量有所不同，这便是"需求的变化"，它导致需求曲线的平移。

三、需求定理

（一）需求定理

需求定理亦称需求法则，是指在其他条件不变的情况下，商品的需求量与商品自身的价格变化是反比的关系，即商品自身的价格高则需求量小，价格低则需求量大。

为什么商品的需求量与自身的价格会呈反比关系呢？原因主要有两点：第一，商品降价后，会吸引新的购买者，从而使需求量增加；第二，原先的购买者会因为商品价格下降而感到自己比过去稍微富裕一些，即实际收入增加，因而也会增加购买，这就是收入效应；同时，该商品价格下降使其他商品显得相对更贵了，消费者会增加该商品的购买以替代其他商品，这就是替代效应。

(二) 需求定理的例外

吉芬商品。吉芬商品指一些低档的生活必需品。英国统计学家吉芬（Sir Robert Giffen）在研究爱尔兰土豆销售状况时发现：当土豆价格下降时，消费者购买得更少；当土豆价格上升时，需求量反而上升。这种情形被后人称为"吉芬之谜"。

炫耀性商品（奢侈品）。社会心理因素也会导致某些商品的需求量与自身的价格的变化方向出现"反常"。例如一些家庭为了显示其地位尊贵，愿意购买价格昂贵的名画、古董等；而当这些商品价格下跌到不足以显示其身份时，就会减少购买。具有这种"炫耀性消费"特征的商品被称为"炫耀性商品"，它是著名经济学家凡勃仑（Thorstein B Veblen）提出的。

某些商品的价格小幅度升降时，需求量按正常情况变动；大幅度升降时，人们会因不同的预期而采取不同的行动，引起需求量的不规则变化，如证券、黄金市场常有这种情况，其需求曲线可能表现为其他不规则形状。

第二节 供给

一、供给的含义及其影响因素

(一) 供给的含义

供给是在一定时期内，在一定价格条件下企业愿意而且能够提供给市场的某种商品和劳务的数量。供给必须具备的基本条件，第一，厂商要有出售的愿望；第二，厂商要有供给能力（包括新生产的产品和存货）。

供给有个体供给和市场供给之分，供给个体是指一定时期内，一定价格水平下单个供给主体提供的供给数量，市场供给指一定时期内整个行业的厂商所愿意提供的数量，又叫行业供给。

(二) 影响供给的主要因素

1. 商品自身的价格

一般地说，一种商品的价格越高，供给量越大。相反，价格越低，供给量越小。

2. 生产成本即供给要素价格

如果生产要素的价格上升，意味着成本上升，利润减少，企业便会减少供给量；反之，企业会增加供给量。

3. 生产技术水平

生产技术水平的提高，即效率的提高，隐含着生产一定产量所需成本的下降，或者在给定成本时产量会有所增加。这样企业就会在相同价格情况下增加供给量。

4. 相关商品的价格

企业总是选择利润高的商品生产，当相关商品价格发生变动时，就会影响到企业增加或减少现有产品的供给量。例如：某个生产小麦和玉米的农户，在玉米的价格不变和小麦价格上升时，该农户就可能增加小麦的耕种面积，而减少玉米的耕种面积。

5. 生产者的预期价格

当企业预期某种商品的价格上升，就会囤积商品，待高价出售，从而可能减少现期供给量；反之，将增加现期供给量。

6. 商品市场上生产厂商的数量

如果生产同种商品的厂商数量增加了，该商品的市场供给量就会增加，反之则会减少供给量。

7. 政府的税收政策和扶持政策

对厂商来说，税收是构成生产成本的重要组成部分，政府的税收变化直接影响到厂商的成本。当政府增税时，厂商生产成本就会提高，供给量减少；反之供给量增加。

8. 自然条件

许多产品，特别是农产品的供给量与自然条件关系密切。

此外，政治事件、历史传统等也影响到商品供的供给量。

二、供给与价格关系的表示方法

商品供给量有很多影响因素，但最重要的莫过于商品自身的价格。价格是生产者在销售商品数量时所获得的货币量。供给量与价格的关系可以分别用供给函数、供给表和供给曲线来刻画。

(一) 供给函数

1. 定义

供给函数是表明商品供给量与其影响因素之间关系的函数表达式。在其影响因素中，最主要的是商品自身的价格，因此，本书重点研究供给量与商品自身的价格之间关系的函数表达式。

$$Q_S = f(P) \tag{2.5}$$

其中，Q_S 表示供给量；P 代表价格；f 表示函数关系。

如果供给函数为线性的，则可表示如下。

$$Q_S = -a + bP(a, b > 0) \tag{2.6}$$

式中：a 为常数，是与价格 P 相关的自发性需求，亦称外生变量；b 为正数，则表明供给量与价格成呈相关。

如果供给函数为非线性的，则可表示如下。

$$Q_S = aP^b(a, b > 0) \tag{2.7}$$

2. 市场供给函数

当然，需求函数也可分为个人供给函数和市场供给函数。

$$Q_S = \sum Q_{S_i} \tag{2.8}$$

式中：Q_S 代表在某一价格条件下的市场供给量；Q_{S_i} 为各第 i 个厂商在相同价格的个别供给量，符号 $\sum$ 代表着水平和。

(二) 供给表

我们已知，供给函数表明商品自身的价格与供给量的一一对应关系。这种函数关系可以用供给表和供给曲线表示。

商品的供给表是表示某种商品的各种价格水平和与各种价格水平相对应的该商品供给数量之间关系的数字序列表。

表2.2 某商品的供给（$Q = -400 + 200P$）

价格-数量组合	A	B	C	D	E	F
价格/元	2	3	4	5	6	7
供给量/个	0	200	400	600	800	1 000

表 2.2 就是某商品的供给表。从表中可以清楚地看到商品和供给量之间的函数关系。例如，当价格为 7 时，需求量为 1 000 个，当价格下降为 6 时，需求量下降为 800，……当价格下降到 2 时，需求量则变为 0 了，商品自身的价格和商品的供给量同方向变化。

（三）供给曲线

1. 供给曲线

供给曲线是表明商品价格与供给量之间关系的一条曲线。它亦可分为个人供给曲线和市场供给曲线。图 2.2 是根据表 2.2 作出的。因此，它为个人供给曲线。

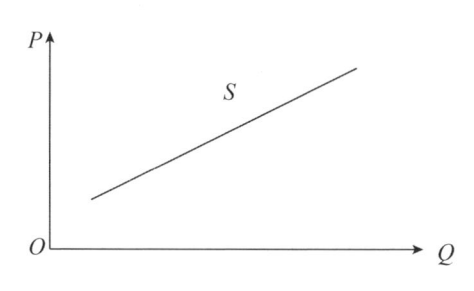

图 2.2　个人供给曲线

将表 2.2 中每一组（P，Q）数值在图中描一个点，将这些点连接起来便得到一条供给曲线。

供给曲线是用曲线的形式表明某一个厂商的供给量与商品自身价格之间的关系。纵轴表示该商品 X 的价格，横轴表示商品 X 的数量（这里表现为供给量），曲线的任何一点均代表着某种价格与供给量的一种关系。

应该注意的是，供给曲线不一定都是直线型的，较多情况下它都表现为曲线型的形状。为简化分析过程，本书不特别说明，均使用线性供给函数。

2. 供给曲线的移动

在影响供给量变动的因素中，商品价格称作运动参数，其他因素称作转移参数。商品自身价格的变化，导致供给量沿着供给曲线发生变化，这被称为"供给量的变化"。而其他因素的变化导致供给曲线的左右移动，这被称为"供给的变化"。同理，我们需要注意"沿着供给曲线的移动"和"供给曲线的平移"之差异，这一差异实质上体现了"供给量的变化"和"供给的变化"之差异。"沿着供给曲线的移动"是由产品自身价格变化所致；而"供给曲线的平移"则是某产品自身价格之外的其他因素（如生产要素价格）变化所致。

供给曲线右移表明，企业在任一相同的价格水平上所愿意提供的产品数量增加；左移，则减少。

三、供给定理

（一）供给定理

供给定理，亦称供给法则，是指在其他条件不变的情况下，商品的供给量与商品自身的价格成正比，即商品自身的价格高，则供给量大；价格低，则供给量小。商品的供给量之所以与商品的价格成正比，一是因为价格上升后，现有的以利润极大化为目标的企业愿意提供更多的产量；二是价格上升后会吸引新企业进入该行业进行生产。

（二）供给定理的例外

同需求一样，供给定理也会出现某些例外情况。例如，单个劳动力的供给，当劳动者工资增加时，一般都会增加单个劳动力的供给量；但当工资上涨超过一定限度后，单个劳动力供给的反而下降。珍品、古玩字画的价格上升，商品越少，供给减少。证券投资品的价格大幅变化，人们持观望态度，供给呈不规则变化。

第三节 供求曲线的共同作用

我们已经知道，需求曲线说明了消费者对某种商品在每一价格下的需求量是多少，供给曲线说明了生产者对某种商品在每一价格下的供给量是多少。但是它们都没有说明这种商品本身的价格究竟是如何决定的。那么商品的价格是如何决定的呢？微观经济学中的商品价格是指商品的均衡价格。均衡价格是在需求和供给这两种相反力量的相互作用下形成的。下面分析均衡价格的形成及变动。

一、均衡价格的决定

当市场供给量恰好等于市场需求量时，便实现了市场均衡。一种商品的市场需求量等于市场供给量时的价格就是该商品的均衡价格。从几何意义上说一种商品市场的均衡出现在该商品的市场需求曲线和供给曲线相交的点上，该交点被称为均衡点。如图 2.3 所示的均衡点 E 点。

当市场需求量不等于供给量时，要么出现过度供给，要么出现过度需求，这便是市场非均衡。当市场出现过度供给时，价格有下跌的趋势；当市场出现过度需求时，价格有上升趋势；只有当市场供给量等于市场需求量时，在现有条件下价格没有任何变动的压力，市场实现了均衡。因此，均衡价格就是市场供需均衡时价格。如图 2.3。

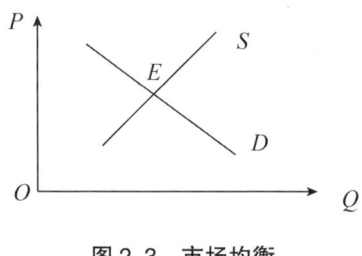

图 2.3 市场均衡

二、需求与供给变动对均衡价格的影响

前面在分析均衡价格的形成时，我们实际上已经假定只有商品自身价格的变动，而其他条件不变。这种方法就是静态分析方法。如果其他条件发生变化，引起需求、供给的变动，会使原有的均衡遭到破坏，只有经过市场调节才能形成新的均衡。

（一）需求变动

1. 需求增加

假定原需求曲线为 D_1，由于需求增加，使需求曲线从 D_1，向右平移，新的均衡价格上升，均衡产量增加。如图 2.4 所示。

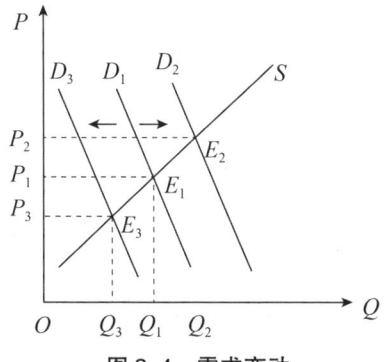

图 2.4 需求变动

2. 需求减少

而其他因素不变，这会导致需求减少，这样需求曲线 D_1 向左平移，需求减少导致均衡价格下降，均衡产量减少。如图 2.4 所示。

(二) 供给变动

1. 供给增加

现假定某一产品的生产效率普遍提高，在其他因素不变时，供给曲线从 S_1 向右平移。供给增加使得均衡价格下降，均衡产量上升。如图 2.5 所示。

2. 供给减少

现假定某一年份出现了严重的自然灾害，在其他因素不变的情况下，供给曲线从 S_1 左移，这便是西方经济学中所称作的"供给震荡"。需求不变，供给减少，使均衡价格上升，均衡产量下降了。如图 2.5 所示。

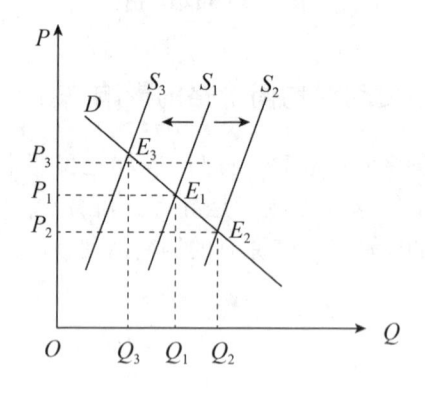

图 2.5 供给变动

(三) 供给、需求同时变动

在许多情况下，供给、需求会同时发生变动，可分为两种情况：供给、需求同向变动和反向变动。

1. 供给、需求同向变动

供求同向变动又分两种情况：同时增加或同时减少。供需同时增加：从以上分析可知，供给增加导致均衡价格下降，均衡产量增加；而需求增加使得均衡价格上升，均衡产量增加。所以，供需同时增加肯定使均衡产量增加，但均衡价格的变动方向不能确定，它取决于两种情况下哪一个价格上升或下降的幅度大些。供需同时减少：供需同时减少会使均衡产量减少，但均衡价格不定。

2. 供给需求反向变动

供求反向变动也分为两种情况：一是供给增加，需求减少。由于供给增加使得均衡价格下降，均衡产量上升；而需求减少使均衡价格下降，均衡产量减少，所以此时新的均衡价格肯定下降，但均衡产量变动方向则不一定，它取决于两种情况下哪一个数量上升或下降的幅度更大些。二是供给减少，需求增加。根据讨论，我们可以推论出，此时均衡价格上升，均衡产量变动不确定。

三、供求法则

在其他条件不变的情况下，需求变动分别引起均衡价格和均衡数量同方向变动；供给变动引起均衡价格的反方向变动，引起均衡数量的同方向变动，这就是供求法则。

四、政府对市场的干预

（一）最高限价

所谓最高限价（又称限制价格）是指政府为了控制物价进一步上涨，平缓百姓怨言而对部分商品制定的最高允许的销售价格。一般最高限价要低于市场自动形成的市场均衡价格。那么它对商品的市场运作会产生什么影响呢？现假定瘦猪肉的市场均衡价格为30元/斤，政府嫌这个价格太高，因此确定瘦肉的最高限价为22元/斤，这会产生什么后果呢？第一，这会导致过度需求；第二，出现销售者偏好；第三，政府偏好将替代销售者偏好；第四，如果政府监督力度不够，很有可能出现黑市；第五，从长远看，最高限价还会抑制供给量；第六，政府有可能卷入本应由市场来完成的那些活动之中。

（二）最低限价

有时，政府为了保护某些产品（特别是农产品）的销售者的利益而制定最低限价（又称支持价格），即政府允许的最低售价。出于类似的原因，最低限价往往要高出市场自动形成的均衡价格，否则就没有激励生产者的作用。

最低限价会导致过度供给。政府可能要承受巨大的财政负担，从而使得这一政策不可能持续、长久。如果政府不准备财政支持，只是规定一个最低限价，过度的供给会使得部分生产者愿意低于最低限价销售其产量，这样便产生了黑市。当然，政府还有可能界定每个生产者（或每家农户）的生产额度（或收购额度），这便是"限产"措施，或称"产量配额"政策，使得总产量恰好等于需求量，这样政府就没有财政负担了。但要实施限产，其成本也是非常之大的。

（三）政府税收对均衡价格的影响

政府对货物交易征税，如果是根据商品的销售数量征税，称作从量税；如果是根据商品的销售收入征税，称作从价税。无论是从量税还是从价税，只是征税时计算的方法不同而已，对经济活动的影响是相似的。

假定政府对厂商征收 T 单位的从量税，将使厂商的生产成本和供应成本相应提高，因此供应曲线向左移动，产生新的均衡点，销售价格从上升，销售量减少。这就是政府对厂商征收销售税的效应。

假定政府是对消费者征收 T 单位交易税，将使消费者的收入相应减少，因此需求曲线向左移动。产生新的均衡点，销售价格下降，销售量减少。这就是政府对消费者征收交易税的效应。

最后我们看看交易税的税额是由谁负担的。通过分析，我们得出两个一般性结论：第一，税收抑制了市场活动；第二，买者与卖者分摊税收负担。

第四节　弹性理论

我们已经知道，当一种商品的价格发生变化时，会引起需求量或供给量的变化。但是不同的商品，需求量或供给量对价格变动的反应是不同的。由此，我们会很自然地想知道，例如，当一种商品价格下降1%时，这种商品的需求量或供给量分别会相应上升和下降多少呢？等等。弹性概念就是专门为解决这一类问题而设立的。

一、弹性的一般原理

（一）弹性的定义

弹性用来表示因变量对自变量变化的反应敏感程度。具体地说，弹性就是这样一个数字，它告诉我们，当一个经济变量发生1%的变动时，由它所引起的另一个经济变量变动的百分比。

(二) 弹性的计算方法

1. 弧弹性

弧弹性指曲线上两点之间弧的弹性。计算公式表示如下。

$$e = \frac{\dfrac{\Delta Q}{Q}}{\dfrac{\Delta P}{P}} = \frac{\Delta Q}{\Delta P} \cdot \frac{P}{Q} = \frac{Q_2 - Q_1}{P_2 - P_1} \cdot \frac{P}{Q} \qquad (2.9)$$

2. 平均弹性

平均弹性是指取弧弹性中变化前后的平均数来计算的弹性。计算公式表示如下。

$$e = \frac{\dfrac{\Delta Q}{(Q_1+Q_2)/2}}{\dfrac{\Delta P}{(P_1+P_2)/2}} = \frac{Q_2-Q_1}{P_2-P_1} \cdot \frac{P_1+P_2}{Q_1+Q_2} = \frac{\Delta Q}{\Delta P} \cdot \frac{P_1+P_2}{Q_1+Q_2} \qquad (2.10)$$

起始点不同，弹性系数不同。例如：需求曲线上有两个点，坐标分别为 A（$P_1=1$，$Q_1=8$），B（$P_2=3$，$Q_2=4$）。

若以 A 为起点

$$e_A = \frac{\Delta Q}{\Delta P} \cdot \frac{P_A}{Q_A} = \frac{4-8}{3-1} \cdot \frac{1}{8} = -\frac{1}{4}$$

若以 B 为起点

$$e_B = \frac{\Delta Q}{\Delta P} \cdot \frac{P_B}{Q_B} = \frac{4-8}{3-1} \cdot \frac{3}{4} = -\frac{3}{2}$$

平均弹性

$$e = \frac{\Delta Q}{\Delta P} \cdot \frac{P_1+P_2}{Q_1+Q_2} = \frac{4-8}{3-1} \cdot \frac{1+3}{8+4} = -\frac{2}{3}$$

3. 点弹性

点弹性是指曲线上某一点的弹性，也就是自变量变化无限小时引起的因变量变动的反应程度。计算公式表示如下。

$$e = \frac{\mathrm{d}Q}{\mathrm{d}P} \cdot \frac{P}{Q} \qquad (2.11)$$

二、需求弹性

需求弹性可以分为需求价格弹性、需求收入弹性和需求的交叉弹性。

（一）需求价格弹性

1. 需求价格弹性的含义

需求价格弹性表示在一定时期内当一种商品的价格变化百分之一时所引起的该商品需求量变化的百分比。计算公式表示如下。

$$e_d = \frac{\frac{\Delta Q}{Q}}{\frac{\Delta P}{P}} = \frac{Q_2 - Q_1}{P_2 - P_1} \cdot \frac{P}{Q} = \frac{\Delta Q}{\Delta P} \cdot \frac{P}{Q} \qquad (2.12)$$

其中，e_d 为需求价格弹性；P 价格；ΔP 价格变动量；Q 为需求量；ΔQ 为需求变动量；$\Delta P/P$ 为价格变动百分比率；$\Delta Q/Q$ 为需求量变动比率。

这里需要指出的是，在通常情况下，由于商品的需求量和价格是反方向变动的，$\Delta Q/\Delta P$ 为负值，所以大部分情况下商品的需求价格弹性为负值。

2. 需求价格弹性的分类

在经济学中，为了方便起见，将需求价格弹性系数的计算结果取绝对值，并按绝对值大小可把需求的价格弹性分为五类：

当 $e_d = 0$ 时，需求对价格是完全无弹性的，即需求量与价格无关，则需求曲线为一条垂直于 Q 轴的直线，其需求函数为 $d = a$（a 为一常数），如图 2.6（D_1）所示；

当 $e_d = \infty$ 时，需求对价格是完全有弹性的，需求曲线为一条垂直于 P 轴的直线，其需求函数为 $P = a$（a 为一常数），如图 2.6（D_2）所示；

当 $e_d = 1$ 时，需求对价格为单位弹性，即价格变化的百分比与需求量变化的百分比相等，如图 2.6（D_3）所示；

当 $0 < e_d < 1$ 时，需求对价格缺乏弹性，即需求变化的幅度小于价格变化的幅度，如图 2.6（D_4）所示；

当 $1 < e_d < \infty$ 时，需求对价格是有弹性的，即需求变化的幅度大于价格变化幅度，如图 2.6（D_5）所示。

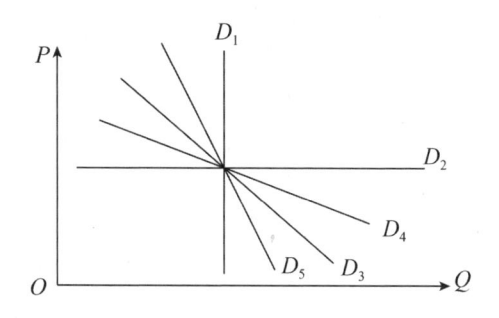

图 2.6　需求价格弹性分类

应该指出，情形 D_1 和情形 D_2 均为特例，在生活中实属罕见。如果实在要举例说明：我们不妨举例如下：火葬需求不会因为价格下跌而增加，因此需求曲线为一垂直于横轴的直线；在战争年代，政府在给定价格情况下对军火品的需求量是无限的，因此，需求曲线为一条（接近于）与横轴平行的直线。在生活中最屡见不鲜的是情形 D_4 和情形 D_5。一般而言，生活必需品的需求价格都是缺乏弹性的，奢侈品的需求一般都是有弹性的。单位弹性也是一种特例，在生活中很难发现某一商品的价格需求弹性恰好等于1。之所以作为五种情形之一列出，主要是为了理论上的完备性。

从图 2.6 中可以看出来，富有弹性的商品的需求曲线比较平缓，缺乏弹性的商品的需求曲线比较陡峭。但并不意味着平缓曲线上点的需求价格弹性一定大于陡峭曲线上点的需求价格弹性。

需求弹性和需求曲线的斜率是两个紧密联系却又具有不同的概念，必须严格区分。需求曲线的斜率表示的是需求曲线在某一点或某一段弧上的倾斜程度。就需求弹性的计算而言，需求弹性等于需求曲线斜率的倒数值和相应的价格-需求量的比值的乘积。

3. 影响需求价格弹性的因素分析

（1）商品的可替代程度。一般来说，如果某产品存在着很接近的替代品的数量愈多，相近程度愈高，其需求价格弹性愈大。例如，在苹果市场上，当红富士苹果价格上升时，消费者就会减少对红富士苹果的需求量，增加对相近替代品如金帅苹果的购买，这样红富士苹果的需求弹性就比较大。又如，对食盐来说，没有很好的替代品，所以食盐价格变化所引起的需求量的变化几乎等于零，它的需求价格弹性是极小的。

（2）商品用途的广泛性。一种商品的用途越是广泛，它的需求价格弹性就可能越大。这是因为，如果一种商品具有多种用途，但它的价格较高时，消费者只购买较少的数量用于最重要的用途上。当价格下降时，消费者的购买量就会逐渐增加，将商品越来越多地用于其他的各种用途上。

（3）商品对消费者生活的重要程度（商品满足需要的属性）。一般地说，奢侈品需求对价格是有弹性的，而必需品则是缺乏弹性的。例如，馒头的需求价格弹性较小，电影票的需求价格弹性较大。

（4）商品的消费支出在消费者预算支出中所占的比重。一般地说，在其他条件不变的情况下，某种商品的支出在人们的预算中所占的比例愈大，该商品的需求价格弹性愈大。反之愈小。例如，火柴、铅笔、肥皂等商品的需求价格弹性较小，而像冰箱、摄像机等贵重物品的需求价格弹性大。

（5）时间因素即所考察的消费者调节需求量的时间。所考察的调节时间越长，需求价格弹性就越大。因为当消费者决定减少或停止购买价格上升商品前，一般要花费时间去寻找和了解该商品的替代品。

一种商品需求价格弹性的大小是各种影响因素共同作用的结果。

4. 需求价格弹性与厂商收益的关系

某种商品的价格变动时，它的需求弹性的大小与价格变动所引起的出售该商品所得到的总收益的变动情况是密切相关的。这是因为总收益价格与销售量的乘积，即 $TR=P\times Q=P(Q)\times Q$，价格变动引起需求量变动，从而引起销售量的变动。不同商品的需求弹性是不同的，所以价格变动引起的销售量的变动是不同的，总收益的变动也就不同。

如果某商品需求是富有弹性的，当该商品价格下降时，需求量（从而销售量）增加的幅度大于价格下降的幅度，从而总收益会增加。

可以以电视机为例来说明这一点。假定，电视的需求是富有弹性的，$e_d=2$，原来的价格 $P_1=1\,500$ 元，这时销售量 $Q_1=100$ 台，则总收益 $TR_1=P_1\times Q_1=1\,500\times100=150\,000$ 元，现在价格下降 10%，即 $P_2=1\,350$ 元，因为 $e_d=2$，所以销售量增加 20%，即 $Q_2=120$ 台，这时总收益 $TR_2=P_2Q_2=1\,350\times120=162\,000$ 元，$TR_1-TR_2=12\,000$ 元。这表明电视机价格下降，总收益增加了。

如果某商品需求是富有弹性的，当该商品价格上升时，需求量（从而销售量）减少的幅度大于价格上升的幅度，从而总收益会减少。

仍以电视机为例来说明这一点。假定，电视的需求是富有弹性的，$e_d=2$，原来的价格 $P_1=1\,500$ 元，这时销售量 $Q_1=100$ 台，则总收益 $TR_1=P_1\times Q_1=1\,500\times100=150\,000$ 元。假定电视的价格上升了 10%，即 $P_2=1\,650$ 元，因为 $e_d=2$，所以销售量减少 20%，即 $Q_2=80$ 台，这时总收益 $TR_2=P_2Q_2=1\,650\times80=132\,000$ 元，$TR_1-TR_2=-18\,000$ 元。这表明电视机价格上升，总收益减少了。

如果某商品需求是缺乏弹性的，当该商品价格下降时，需求量（从而销售量）增加的幅度小于价格下降的幅度，从而总收益会减少。

可以以面粉为例来说明这一点。假定，面粉的需求是缺乏弹性的，$e_d=0.5$，原来的价格 $P_1=1$ 元，这时销售量 $Q_1=100$ 万斤（1 斤 = 0.5 千克），则总收益 $TR_1=P_1×Q_1=1×100$ 万 = 100 万元，现在价格下降 10%，即 $P_2=0.9$ 元，因为 $e_d=0.5$，所以销售量增加 5%，即 $Q_2=105$ 万斤，这时总收益 $TR_2=P_2Q_2=0.9×105$ 万 = 94.5 万元，$TR_1-TR_2=94.5-100=-5.5$ 万元。这表明面粉价格下降，总收益减少了。

如果某商品需求是缺乏弹性的，当该商品价格上升时，需求量（从而销售量）减少的幅度小于价格上升的幅度，从而总收益会增加。

仍以面粉为例来说明这一点。假定，面粉的需求是缺乏弹性的，$e_d=0.5$，原来的价格 $P_1=1$ 元，这时销售量 $Q_1=100$ 万斤，则总收益 $TR_1=P_1×Q_1=1×100$ 万 = 100 万元。假定，面粉的价格上升了 10%，即 $P_2=1.1$ 元，因为 $e_d=0.5$，所以销售量减少 5%，即 $Q_2=95$ 万斤，这时总收益 $TR_2=P_2Q_2=1.1×95=104.5$ 万元，$TR_1-TR_2=104.5-100=4.5$ 万元。这表明面粉价格上升，总收益增加了。

根据上面的分析我们可以得出，若商品是富有弹性的，则价格与总收益反方向变化，若商品缺乏弹性，则总收益与价格同方向变化。

（二）需求收入弹性

1. 需求收入弹性定义

需求收入弹性又称为收入弹性，指收入变动比率所引起需求量变动的比率。

2. 需求收入弹性公式

$$e_I = \frac{\frac{\Delta Q}{Q}}{\frac{\Delta I}{I}} = \frac{Q_2-Q_1}{I_2-I_1} \cdot \frac{I}{Q} = \frac{\Delta Q}{\Delta I} \cdot \frac{I}{Q} \quad (2.13)$$

式中，e_I 是正数，因为收入和需求量同方向变化。

（三）需求交叉弹性

1. 需求交叉弹性定义

需求交叉弹性是用来反映某商品需求量对其他商品价格变动的敏感程度。这里边涉及各种商品之间的关系，在经济生活中，各种商品之间必然存在下列三种关系中的一种，即互为替代品，互为互补品，互为独立商品。

2. 需求交叉弹性公式

$$e_{xy} = \frac{\dfrac{\Delta Q_x}{Q_x}}{\dfrac{\Delta P_y}{P_y}} = \frac{\Delta Q_x}{\Delta P_y} \cdot \frac{P_y}{Q_x} \tag{2.14}$$

若 X，Y 为替代品，那么 $e_{xy} > 0$，因为 X 的需求量与 Y 的价格同方向变化。且 e_{xy} 越大，替代关系越强。

若 X，Y 为互补品，那么 $e_{xy} < 0$，因为 X 的需求量与 Y 的价格反方向变化。且 e_{xy} 越小，互补关系越强。

若 X，Y 为独立商品，那么 e_{xy} 很小或接近于零。

三、供给弹性

（一）供给弹性

供给弹性可以分为供给价格弹性、供给收入弹性和供给交叉价格弹性。由于供给价格弹性相对重要，因此，在未特别说明的情况下，供给弹性就是指供给价格弹性，即价格每变动1%，引起供给量变动的百分比。计算公式表示如下。

$$e_s = \frac{\dfrac{\Delta Q}{Q}}{\dfrac{\Delta P}{P}} = \frac{Q_2 - Q_1}{P_2 - P_1} \cdot \frac{P}{Q} = \frac{\Delta Q}{\Delta P} \cdot \frac{P}{Q} \tag{2.15}$$

由于价格与供给量同方向变动，所以供给弹性系数为正值。

（二）供给价格弹性的5种分类

当 S 为一垂直线时，供给量变化的百分比为零，故 $e_s = 0$，即完全无弹性；如图 2.7(S_1) 所示。

当 S 为一水平线时，价格变化的百分比为零，故 $e_s = \infty$，即完全有弹性；如图 2.7(S_2) 所示。

当 $e_s = 1$ 时，供给单位弹性，这表明供给量变化的百分比恰好等于价格变化的百分比，如图 2.7(S_3) 所示。

当 $1 < e_s < \infty$ 时，供给富有弹性。这隐含着供给量变化的百分比大于价格变化的百分比，如图 2.7(S_4) 所示。

当 $0 < e_s < 1$ 时，供给缺乏弹性，这表明供给量变化的百分比小于价格变化的百分比，如图 2.7(S_5) 所示。

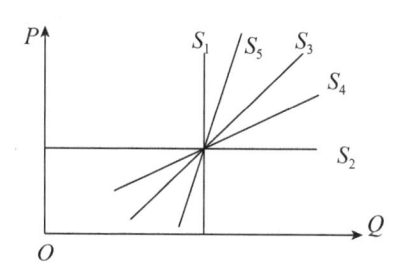

图 2.7 供给价格弹性分类

还需说明一点，如需估计一非线性供给曲线在某一点的弹性系数，我们可以借助上述原理，对该曲线上的这一点作一切线。如果该切线与价格轴相交，则 $e_s>1$；如果该切线与数量轴相交，则 $e_s<1$；如经过原点，则 $e_s=0$。

（三）影响商品供给弹性大小的因素

1. 时间

时间对供给弹性的影响表现在调整产量上。如果厂商要调整产量，会需要一个准备生产要素和重新配置的时间。这个准备时间越长，准备越充分，就越有条件改变产量，供给弹性就越大。时间越短，甚至来不及调整产量，供给弹性为 0。

2. 生产难易程度

生产难易主要取决于投资规模、生产周期、固定资本比重等，一般来说，技术含量不高的劳动密集型行业的供给弹性大，而资本密集型行业的供给弹性小。

3. 进出某行业的难易程度

如果某行业容易进出，则该行业的产品供给弹性大，反之则小。

4. 商品增产后的成本增量

厂商增加产量是为了获取更多的利润，如果增产后成本增量很高，高于价格增长幅度，那么厂商增产的可能性就小。所以成本增量越大，供给弹性越小，成本增量越小，供给弹性越大。

四、弹性理论在经济决策中的应用

商品的需求价格弹性在经济决策中具有重要意义。为了提高生产者收入，往往对农产品采取提价的办法，而对一些高档消费品采取降价的办法。同样，在给出口物资定价时，如果出口的目的主要是增加外汇收入，则要对需求价格弹性大的物资规定较低价格，对需求价格弹性小的物资规定较高价格。

各种商品的需求收入弹性也是经济决策时要认真考虑的因素。在规划各经济部门发展速度时，需求收入弹性大的行业，由于需求量增长要快于国民收入增长，因此发展速度应快些，而需求收入弹性小的行业，发展速度应当慢些。

此外，研究商品需求的交叉弹性也很有用。企业在制定产品价格时，应考虑到替代品和互补品之间的相互影响。否则，变动价格可能会对销路和利润产生不良后果。

第三章 效用理论

在市场上，均衡价格是由需求和供给决定的，那么需求与供给又受什么规律支配呢？本章应用效用论分析需求曲线背后的消费者行为，从这个意义上，效用论通常被称为消费者行为理论。

消费者，又称为居民户，是指作出统一的消费决策并实施的经济单位，它可能是一个人，也可能是一个由某些人组成的家庭。居民户提供生产要素，获得了收入，目的是要达到效用最大化。因此，消费者行为理论就是要说明居民户如何使用自己既定的收入来达到效用最大化。

西方经济学家在分析消费者行为规律时，有两个基本假定。

一是消费者的行为具有有序性和可传递性，即消费者在 A，B 两个产品中偏好 A，在 B，C 两个产品中偏好 B，那么在 A，C 两个产品中一定偏好 A。例如：苹果>梨，香蕉>苹果，则香蕉>梨。

二是消费者具有充足的理性，即消费者对商品具有充分的信息和知识，知道如何花费自己有限的收入可以实现自己最大的满足。

第一节 效用论概述

一、欲望与效用

消费者是在经济中能够做出统一的消费决策的单位。那么，推动消费者消费的出发点和归宿是什么？根据萨缪尔森提出的幸福方程式（幸福＝效用／欲望）可知，研究消费者行为的出发点是欲望，归宿是欲望的满足，即效用。

第三章 效用理论

(一) 欲望

欲望是一种缺乏的感觉与求得满足的愿望。不足之感，求足之愿，两者缺一不可。它是一种心理感觉，特点是具有无限性和层次性。

美国心理学家马斯洛（Abraham H. Maslow）将人的欲望分为了五个层次：第一，生理需要；第二，安全需要；第三，社交需要；第四，心理需要；第五，自我成就需要。从这五个层次可以看出，消费者的欲望存在着明显的阶梯层次，从而使消费者在满足欲望时也会存在着明显的差异。

(二) 效用

效用指商品满足人的欲望的能力，或者说是消费者在消费商品时所感受到的满足程度，是消费者对商品满足自己欲望的能力的主观心理评价。效用有大小和正负之分。消费者消费商品时获得的满足程度越高，效用就越大，如果消费者消费某种物品时感到痛苦，就称为负效用。

一种商品对消费者是否具有效用，取决于消费者是否有消费这种商品的欲望，以及这种商品是否具有满足消费者欲望的能力。

二、基数效用和序数效用

既然效用是用来表示消费者在消费商品时所感受到的满足程度，于是，就产生了对这种"满足程度"即效用大小的度量问题。在这一问题上，西方经济学家先后提出了基数效用论和序数效用论两种观念，并在此基础上，形成了分析消费者行为的两种方法，分别是基数效用论者所使用的边际效用分析方法和序数效用论者所使用的误差曲线的分析方法。

(一) 基数效用

基数和序数这两个术语来自数学。基数是指 1，2，3，…，基数是可以加总求和的。例如，基数 3 加 9 等于 12，且 12 是 3 的 4 倍等。在 19 世纪和 20 世纪初期，西方经济学家普遍使用基数效用，主要代表人物是英国经济学家马歇尔（Alfred Marshall）。基数效用论者认为，效用如同长度、重量等概念一样，可以具体衡量并加总求和，具体的效用量之间的比较是有意义的。表示效用大小的计量单位被称为效用单位。例如，对某个人来说，在电影院看一场电影和在德云社现场看一场相声表演的效用分别为 15 效用单位和 30 效用单位，那么这两种消费的效用之和就是 45 效用单位，并且在德云社现场看一场相声表演的效用是在电影院看一场电影效用的 2 倍。

但是基数效用论有一个不利的假设——边际效用递减，根据边际效用递减规律，而将货币也视为商品，所以货币也符合边际效用递减。因此，一块钱对穷人产生的效用比对富人产生的效用大，所以从富人那里拿一块钱给穷人，整个社会的效用总量或福利就会增加。这有损于资产阶级的利益，因此马歇尔的基数效用论逐步被替代，英国的经济学家希克斯（John R Hicks）于 1939 年提出了分析消费者行为的另外一种方法——序数效用论。

（二）序数效用

到了 20 世纪 30 年代，1939 年希克斯出版了《价值与资本》一书后，大多数西方经济学家开始使用序数效用的概念。序数效用者认为，效用是一个有点类似于香、臭、美、丑那样的概念，效用的大小是无法具体衡量的，效用之间的比较只能通过顺序或等级来表示。例如，生活中你不会说："这朵花比那朵花香 2 个单位"，也不会说："这个女孩比那个女孩美 3 个单位"。

序数是指第一、第二、第三、……，序数只表示顺序或等级，序数是不能加总求和的，例如：要表示序数第一、第二、第三，可以用 7，18 和 96 来表示，也可以用 1，54 和 55 来表示。它所要表明的仅仅是第二大于第一，第三大于第二，至于第一、第二、第三本身各自的数量是多少，是没有意义的。

仍然以在电影院看一场电影和在德云社现场看一场相声表演为例，消费者回答的是哪种消费的效用是第一，哪种消费的效用是第二，或者说如果在两者中选择，消费者是宁愿在电影院看一场电影，还是宁愿在德云社看一场相声表演。

由以上分析可以看出，基数效用和序数效用是两种不同的分析消费者行为的方法，在不同的时期，西方经济学家采用的不同的方法，这两种方法的分析工具一直沿用至今。两种方法的比较如表 3.1 所示。

表 3.1 基数效用论和序数效用论比较

效用理论类型	主要观点	时间	经济学家	分析工具
基数效用论	效用可计量	19 世纪末 20 世纪初	马歇尔	边际效用
序数效用论	效用可比较	20 世纪 30 年代	希克斯	无差异曲线

第二节 边际效用分析法

一、边际效用递减规律

(一) 总效用和边际效用

基数效用论者将效用区分为总效用（total utility）和边际效用（marginal utility），它们的英文缩写分别为 TU 和 MU。总效用是指消费者在一定时间内从一定数量的商品的消费中所得到的效用量的总和。函数表达式表示如下。

$$TU = f(Q) \tag{3.1}$$

其中，TU 为消费者消费某商品所获得的总效用；Q 为消费者消费某商品的数量；$f(\ )$ 为函数表达式。

边际效用是指消费者在一定时间内增加一单位商品的消费所得到的效用量的增量。比如你吃第一个馒头的时候，感觉很好，你在吃第二个，满足不如第一个，当你不想吃的时候，再继续吃的话，相对于前面的就是负效用了。函数表达式表示如下。

$$MU = \frac{\Delta TU}{\Delta Q} \tag{3.2}$$

其中，MU 为边际效用；ΔTU 为消费者消费某商品所获得的总效用增量；ΔQ 为消费者消费某商品的数量增量。

当商品的增加量趋于无穷小，则有

$$MU = \lim_{\Delta Q \to 0} \frac{\Delta TU}{\Delta Q} = \frac{dTU}{dQ} \tag{3.3}$$

即总效用和边际效用的关系可以表示为边际效用 = $\frac{总效用增量}{消费增量}$。还可以用数字表示，如表 3.2 所示。

表 3.2 王立消费牛奶的总效用和边际效用

牛奶消费量（盒）	总效用（TU）	边际效用（MU）
0	0	
1	12	12
2	21	9
3	27	6
4	30	3
5	30	0
6	27	-3

表 3.2 中的数据表示的是王立在一天内消费不同数量的牛奶所获得的总效用和边际效用。从表 3.2 可以看出，当消费第一单位牛奶时 TU 与 MU 相等，都是 12 效用单位；消费第二盒时，总效用增加为 21 效用单位，边际效用为 12 效用单位；当消费第 5 盒牛奶时，边际效用则降为 0 效用单位；当再消费第 6 盒牛奶时，边际效用为-3 效用单位，总效用开始减少。也就是说当边际效用为正数时，TU 始终处于增加状态；当 MU＝0 时，TU 最大；当 MU 为负数时，TU 处于减少状态。总效用变化趋势为先递增后递减，而边际效用一直处于递减状态。

（二）边际效用递减规律

边际效用为什么会递减？这有两种可能的原因。其一，从人的生理和心理的角度讲，由于随着相同消费品的连续增加，从每一单位消费品中所感受到的满足程度和对重复刺激的反应程度是递减的。其二，从商品的多用途的角度讲，由于在一种商品具有几种用途时，消费者总是将第一单位的消费品用在最重要的用途上，第二单位的消费品用在次重要的用途上，等等。这样，消费品的边际效用随消费品的用途重要性的递减而递减。例如：在仅有少量水的情况下（如在沙漠或航海中），人们十分珍惜地饮用，以维持生命，水的边际效用很大，随着水量增加，除满足饮用外，还可以用来洗脸、洗澡和洗衣，水的重要性相对降低，边际效用相应减小。边际效用递减规律的内容是在一定时间内，其他商品的消费数量保持不变的条件下，随着消费者对某种商品消费量的增加，消费者从该商品连续增加的每一消费单位中所得到的效用增量即边际效用是递减的。

（三）关于货币的边际效用

基数效用论者认为，货币和物品一样也有效用。货币的效用就是给其所有者带来的满足，它的大小也取决于货币持有者的满足程度，货币的边际效用也是递减的，即收入越高，持有货币数量越多，每增加一单位货币给货币持有者带来的满足程度越小。由于购买某种商品所支出的货币只占购买者持有货币量的微小部分，所以，当消费者购买的商品量发生少量变化时，货币的边际效用的变化非常微小，可以忽略不计。因此，在只有一种商品购买量发生变动的情况下，货币的边际效用被认为不变，是一常数。

二、消费者均衡

消费者均衡是研究单个消费者如何把有限的货币收入分配在各种商品的购买中以获得最大的效用的。也就是说，它是研究单个消费者在既定收入下实现效用最大化的均衡条件。

如果消费者的货币收入水平是固定的，市场上各种商品的价格是已知的，那么消费者应该使自己所购买的各种商品的边际效用与价格之比相等。或者说，消费者应使自己花费在各种商品购买上的最后一元钱所带来的边际效用相等。

因此消费者均衡的条件可以用下列公式表示（用两种商品表示）。

假定：M 为消费者收入，X，Y 为消费商品，P_X、P_Y 为 X，Y 的价格，MU_X，MU_Y 为 X，Y 的边际效用，Q_X、Q_Y 为商品 X，Y 的购买量，则有

$$\begin{cases} P_X Q_X + P_Y Q_Y = M & (1) \\ \dfrac{MU_X}{P_X} = \dfrac{MU_Y}{P_Y} = y \text{（货币的边际效用）} & (2) \end{cases} \quad (3.4)$$

其中，(1) 式是限制条件；(2) 式是限制条件下消费者实现效用最大化的均衡条件。(2) 表明这种消费组合式最佳的，因为消费者购买 X，Y 商品的最后一元所带来的边际效用相等。

为什么当 $\dfrac{MU_X}{P_X} = \dfrac{MU_Y}{P_Y}$ 时实现均衡？

当 $\dfrac{MU_X}{P_X} < \dfrac{MU_Y}{P_Y}$ 时，消费者认为用一块钱购买 X 获得的边际效用小于 Y 的 MU，这样理性的消费者会减少对 X 的消费而增加对 Y 的消费，由于 $MU_Y > MU_X$，所以只有当 $\dfrac{MU_X}{P_X} = \dfrac{MU_Y}{P_Y}$ 时，TU 才最大，实现消费者均衡。

三、消费者的需求曲线的推导

基数效用论运用边际效用递减规律和消费者均衡的条件，推导出单个消费者的需求曲线，解释了需求曲线向右下方倾斜的原因。从消费者角度看，他支付某商品价格的高低与其消费商品获得的效用大小是成正比的。商品的需求价格是指消费者在一定时期内对一定量的某种商品所愿意支付的价格。商品的需求价格取决于商品的边际效用。由于边际效用递减，相应需求价格递减。

考虑消费者购买一种商品的情况，则消费者均衡的条件为 $\frac{MU}{P}=\lambda$。这表示，消费者对任何一种商品的最优购买量应该是使最后一元钱购买该商品所带来的边际效用和所付出的这一元钱的货币的边际效用相等，而且由于对任何一种商品而言，符合边际效用递减规律，因此在货币边际效用 λ 不变的前提下，商品的需求价格 P 应同比例于边际效用 MU 的递减而递减，才能实现消费者均衡。这就说明了商品的需求量与商品的价格成反方向变动。

而市场需求是若干个消费者需求的总和。因此，如同单个消费者的需求曲线一样，市场需求曲线一般也是向右下方倾斜。

第三节　无差异曲线

一、序数效用论者关于消费者偏好的假定

序数效用论认为，商品的效用是无法具体衡量的，商品的效用只能用顺序或等级来表示。用消费者偏好的概念，取代基数效用论的关于效用的大小可以用"效用单位"表示的说法。消费者对于各种不同的商品组合的偏好（即爱好）程度是有差别的，这种偏好程度的差别决定了不同商品组合的效用的大小顺序。

序数效用论对消费者偏好有以下三个基本假定。

第一，对于任何两个商品组合 A 和 B，消费者总是可以作出，而且也仅仅只能作出以下三种判断中的一种：对 A 的偏好大于对 B 的偏好，对 A 的偏好小于对 B 的偏好，对 A 和 B 的偏好相同（A 和 B 是无差异的）。

第二，对于任何三个商品组合 A，B 和 C，如果某消费者已经作出判断：

对 A 的偏好大于（或小于、或等于）对 B 的偏好，对 B 的偏好大于（或小于、或等于）对 C 的偏好。那么，该消费者必须作出对 A 的偏好大于（或小于、或等于）对 C 的偏好的判断。

第三，消费者对每一种商品的消费都处于饱和以前的状态。

二、无差异曲线及其特点

（一）无差异曲线含义

无差异曲线是用来表示两种商品或两组商品的不同数量的组合对消费者所提供的效用是相同的。即无差异曲线就是反应偏好相同的商品组合的连线。

表 3.3 表示的是王立四种不同的早餐组合，各种早餐组合消费的牛奶和面包的数量是不同的，但是王立通过消费这样几种不同的牛奶和面包组合所获得的效用是相同的。建立一个坐标系，横轴代表牛奶消费数量，纵轴代表面包消费数量，把表 3.3 中的四种组合方式标出来，得到四个点，把这四个点平滑的连接起来，就得到了王立早餐的无差异曲线 I（或 U），如图 3.1 所示。

表3.3　王立早餐组合

组合方式	牛奶消费数量/杯	面包消费数量/片
A	1	5
B	2	4
C	3	3
D	4	2

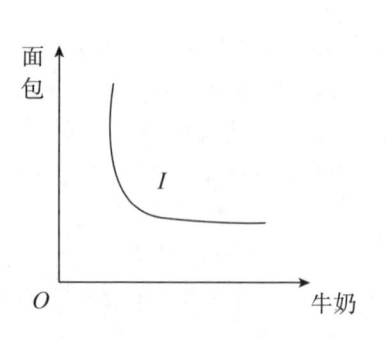

图3.1　无差异曲线

（二）无差异曲线的特征

第一，在同一平面图上有无数条无差异曲线，同一条无差异曲线代表同样的满足程度，不同的无差异曲线代表不同的满足程度。

第二，在同一平面图上，可以有无数条无差异曲线，这些无差异曲线离原点越远，满足程度越大，反之则越小。

第三，在同一平面图上，任意两条无差异曲线不能相交，否则与第二点矛盾。如图 3.2 所示。图中 I_1 和 I_2 表示某两个消费者消费牛奶和面包的无差异曲线，A 点为两条无差异曲线的交点，在 I_2 上任取另外一点 B，在 I_1 上任取另外一点 C，则在 I_1 上，A 点效用等于 B 点效用，在 I_2 上 A 点效用等于 C 点效用，所以说 B 点效用等于 C 点效用，而根据偏好的非饱和性可以知道 B 点效用大于 C 点效用，因此这两者互相矛盾，所以同一平面图上，任意两条无差异曲线不能相交。

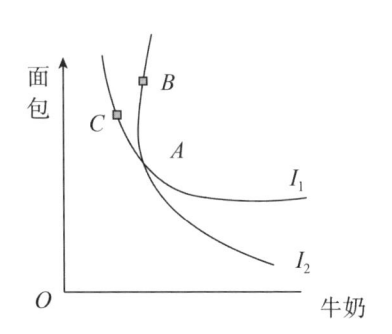

图 3.2 任意两条无差异曲线不相交

第四，无差异曲线是一条凸向原点的线。这就说明无差异曲线是一条向右下方倾斜的曲线，其斜率为负值，它表明在收入与价格既定的条件下，为了获得同样的满足程度，增加一种商品就必须放弃或减少另一种商品，两种商品在消费者偏好不变的条件下，不能同时减少。

（三）边际替代率

无差异曲线之所以凸向原点，取决于商品的边际替代率递减规律。

边际替代率（MRS，marginal rate of substitution）是消费者在保持相同满足程度时增加一种商品数量与必须放弃的另一种商品数量之比，如为增加 X 就要放弃 Y，增加的 X 商品数量 Δx 与所放弃的 Y 商品的数量 Δy 相比就是边际替代率写作 MRS_{xy}。计算公式表示如下。

$$\mathrm{MRS}_{xy} = \frac{\Delta y}{\Delta x} \tag{3.5}$$

假定商品 X 的变化量趋于无穷小，即当 $\Delta x \to 0$ 时，计算公式表示如下。

$$\mathrm{MRS}_{xy} = \lim_{\Delta x \to 0} \frac{\Delta y}{\Delta x} = \frac{\mathrm{d}y}{\mathrm{d}x} \tag{3.6}$$

上式说明无差异曲线上任一点的商品的边际替代率等于无差异曲线在该点的斜率。无差异曲线的斜率逐渐减少，说明其是一条凸向原点的曲线。下面通过表 3.4 和表 3.5 说明边际替代率的计算及其变化规律。表 3.4 表明王立消费商品 X 和 Y 组合获得的效用是相同的，表 3.5 表明王立不同数量 X 和 Y 消费方式的变化所引起的边际替代率。

表 3.4　王立消费商品 X 和 Y 组合

组合方式	X 商品消费数量	Y 商品消费数量
A	5	60
B	10	48
C	15	43
D	20	40
E	25	38
F	30	37

表 3.5　王立消费商品 X 和 Y 组合方式变化的边际替代率

组合方式变化	X 商品消费增加量	Y 商品消费减少量	边际替代率
A 变为 B	5	−12	−2.4
B 变为 C	5	−5	−1
C 变为 D	5	−3	−0.6
D 变为 E	5	−2	−0.4
E 变为 F	5	−1	−0.2

从表 3.5 中可以看出来，边际替代率是负值，且其绝对值是递减的。由此可以得出边际替代率递减规律：在维持效用水平不变的前提下，随着一种商品的消费数量的连续增加，消费者为得到每一单位的这种商品所需要放弃的另一种商品的数量是递减的。

(四) 无差异曲线的特殊情形

如果两个商品是完全互补品，则相应的无差异曲线呈直角形，与横轴平行的无差异曲线部分的 $\mathrm{MRS}_{xy}=0$，与纵轴平行的无差异曲线部分的 $\mathrm{MRS}_{xy}=\infty$。例如，总是要按一副眼镜架和两个眼镜片的比例配合在一起，眼镜才能够被使用。只有在直角形的顶点，眼镜架和眼镜片的比例固定不变，为 1∶2，对消费者才能产生效用。如果两个商品是完全替代品，则相应的无差异曲线为一条斜率不变的直线，MRS_{xy} 为一常数。例如，某消费者认为一瓶雪碧与一瓶可乐是无差异的，则雪碧与可乐的相互替代比例固定不变，为 1∶1。如图 3.3 所示。

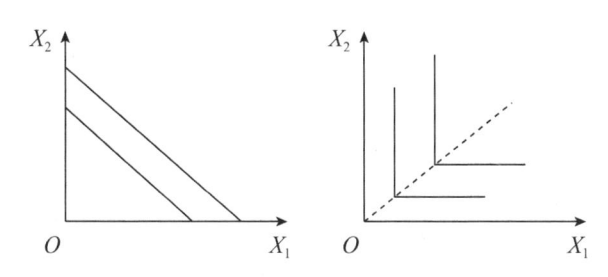

图 3.3　无差异曲线的特殊情况

三、预算线

(一) 预算线的含义

预算线又称为预算约束线、消费可能线或价格线，表示在消费者收入和商品价格既定的条件下，消费者的全部收入所能购买到的两种商品的不同数量的各种组合。预算线方程为

$$I = P_1X_1 + P_2X_2 \text{ 或 } X_2 = -\frac{P_1}{P_2}X_1 + \frac{I}{P_2} \tag{3.7}$$

其中，P_1 和 P_2 表示商品 1 和 2 的价格；X_1 和 X_2 表示商品 1 和 2 的数量；I 为用于购买商品 1 和 2 的预算收入。

消费者的全部收入购买商品 I 的数量为 $\frac{I}{P_1}$，是预算线在横轴的截距；消费者的全部收入购买商品 2 的数量为 $\frac{I}{P_2}$，是预算线在纵轴的截距；$-\frac{P_1}{P_2}$ 为预算线的斜率，即两种商品价格之比的负值。图 3.4 即为消费者购买商品 1 和 2 的预算约束线。

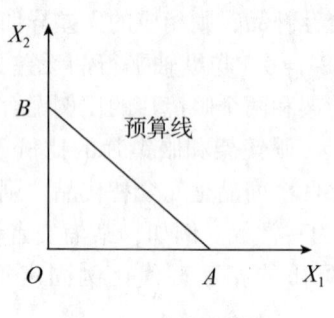

图 3.4 消费预算线

（二）预算线的变动

消费者的收入 I 或商品价格 P_1 和 P_2 变化时，会引起预算线的变动。预算线的变动有以下四种情况。

1. 预算线与消费者的收入的关系

两种商品价格不变，消费者的收入变化时，会引起预算线的截距变化，使预算线发生平移。如图 3.5 所示，消费者的收入增加，则使预算线 AB 向右平移至 A_1B_1；消费者的收入减少，则使预算线 AB 向左平移至 A_2B_2。两种商品价格和消费者的收入同比例同方向变化时，预算线不变。

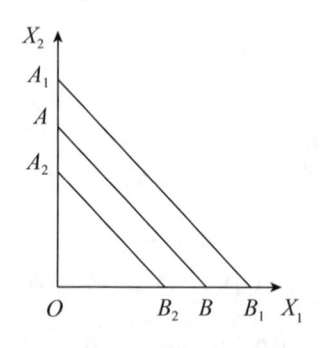

图 3.5 消费预算线的变动

2. 预算线与商品价格的关系

消费者的收入不变，两种商品价格同比例同方向变化时，会引起预算线的截距变化，使预算线发生平移。消费者的收入不变，一种商品价格不变而另一种商品价格变化时，会引起预算线的斜率及相应截距变化。

如图 3.6 所示，商品 1 的价格 P_1 下降，则使预算线 AB 移至 AB_1；商品 1 的价格 P_1 提高，则使预算线 AB 移至 AB_2。在右图中，商品 2 的价格下降和提高，分别使预算线 AB 移至 A_1B 和 A_2B。

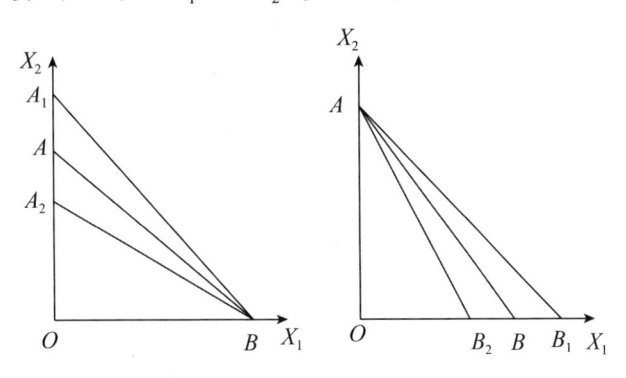

图 3.6　消费预算线的变动

例：消费者收入 120 元，全部用来购买商品 1 和 2，其中 1 的价格 P_1 = 4 元，2 的价格为 P_2 = 3 元。那么全部收入都用来购买 1 可得到 30 单位，全部买 2 可得到 40 单位，因此得出图 3.7 中的线段，即预算线。

$$预算线的斜率 = -\frac{OA}{OB} = -\frac{120/P_2}{120/P_1} = -\frac{P_1}{P_2}$$

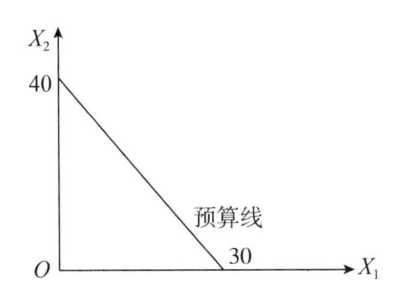

图 3.7　消费预算线的斜率

四、消费者均衡

在已知消费者偏好和预算线约束的前提下，就可以分析消费者对最优商品组合的选择。具体的做法，就是把无差异曲线和预算线结合起来。

消费者的最优购买行为必须满足两个条件：一是必须给消费者带来最大效用；二是必须位于给定的预算线上。下面就看一下怎样用无差异曲线和预算线来分析消费者均衡。

(一) 第一种情况

假定消费者收入不变，消费品 A，B 的价格不变，并且消费者偏好一定，这样可以作出一条预算约束线和无数条无差异曲线。这无数条无差异曲线中总有一条是与预算约束线相切的，那么切点就是消费者均衡点。

在图 3.8 中，无差异曲线 I_3 与预算线既不相交也不相切，就是说在既定收入条件下达不到 I_3 的效用。无差异曲线 I_1 与预算线相交于 E_1、E_2 点，无差异曲线 I_2 与预算线相切于 E 点，但从效用大小上看 $E>E_1=E_2$。E 点既在预算线上，又在无差异曲线上，且在既定收入下效用最大，所以 E 点为消费者均衡点。

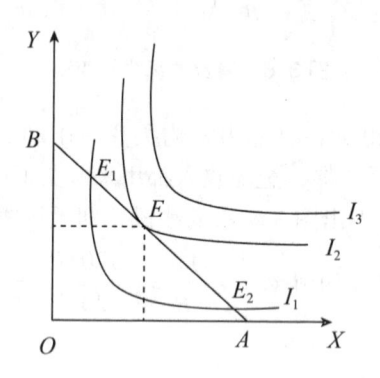

图 3.8 消费者均衡 (a)

(二) 第二种情况

假定消费者有相同的既定效用，但各个消费者的收入不尽相同，那么可以作出一条无差异曲线和若干条预算线，在这若干条预算线中，总有一条是与无差异曲线相切的，则切点就是消费者均衡点。

在图 3.9 中，A_1B_1 表示无法买到满足既定效用的 X 和 Y 商品数量。A_3B_3 能实现既定效用，但花费比 A_2B_2 大，E 点能满足既定效用，又在预算线上且花费最少，所以 E 点是消费者均衡点。

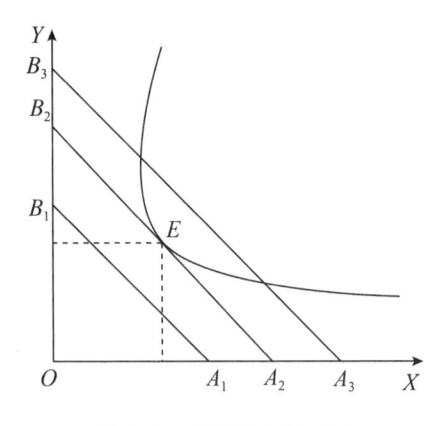

图 3.9 消费者均衡（b）

五、消费者的需求曲线

（一）单个消费者的需求曲线

序数效用论者运用边际替代率递减规律和消费者均衡的条件，推导单个消费者的需求曲线，同样得到了向右下方倾斜的需求曲线。消费者的需求曲线由消费者的价格-消费曲线推导出。价格-消费曲线用来说明一种商品价格变化对消费者均衡的影响。它是在消费者的偏好、收入及其他商品价格不变的条件下，与某一种商品的不同价格水平相联系的消费者的预算线和无差异曲线相切的消费者效用最大化的均衡点的轨迹。

如图 3.10（a）所示，商品 1 的价格 P_1 发生变化，从 P_1^0 下降为 P_1^1 再上升为 P_1^2，相应的预算线从 AB 移至 AB_1 再移至 AB_2，分别与无差异曲线 I_1、I_2 和 I_3 相切于均衡点 E_1、E_2 和 E_3。随着商品 1 的价格不断变化，可以找到无数个消费者的均衡点。它们的轨迹即价格-消费曲线 $P.C.C.$。在每一个均衡点上，都存在着商品 1 的价格和商品 1 的需求量之间一一对应的关系。如：在均衡点 E_1、E_2 和 E_3，商品 1 的价格从 P_1^0 下降为 P_1^1 再上升为 P_1^2，则商品 1 的需求量由 $\overline{X}_1^0$ 增加为 $\overline{X}_1^1$，再减少为 $\overline{X}_1^2$。将每一个 P_1 值和相应均衡点上的 X_1 值绘制在商品的价格-数量坐标图上，则得到了单个消费者的需求曲线 $X_1 = f(P_1)$，如图 3.10（b）所示。图 3.10（b）中需求曲线 $X_1 = f(P_1)$ 上的 A，B，C 点分别与图 3.10（a）中的价格-消费曲线 $P.C.C.$ 上的均衡点 E_1、E_2 和 E_3 相对应。

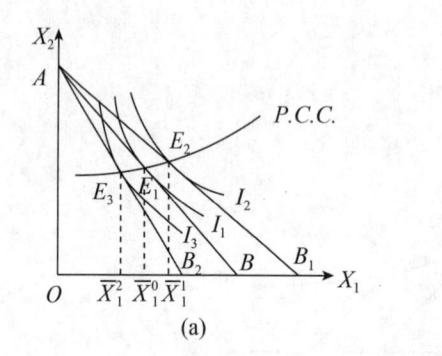

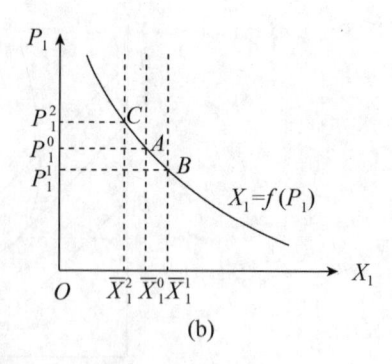

图 3.10 单个消费者需求曲线推导

（二）市场需求曲线

一种商品的市场需求量是每一个价格水平上的该商品的所有个人需求量的加总。则市场需求曲线是单个消费者的需求曲线的水平加总。因此，如同单个消费者的需求曲线一样，市场需求曲线一般也是向右下方倾斜，市场需求曲线上的每个点都表示在相应的价格水平下可以给全体消费者带来最大效用水平或满足程度的市场需求量。

第四章 生产理论

第一节 厂商

一、厂商

厂商是能够作出统一生产决策的单个经济单位,是为了获得经济利润生产和销售物品或劳务的社会单位。

厂商的组织形式有多种,其一,单人业主制的单人企业,一个人拥有一个企业,也叫独资企业。个人企业家一般既是所有者又是经营者,个人业主的利润动机明确、强烈,决策自由、灵活,易于管理;缺点是资金有限,限制了生产的发展,而且也较易于破产。其二,合伙制的合伙企业,两个或两个以上的人同意共同分担企业经营责任,两个人以上合资经营的厂商组织。在这类企业中,合资者投入一部分资金,分担一部分工作,分享一定比例的利润,同时也对企业亏损和债务负有责任。相对于个人企业而言,合伙制企业的资金较多,规模较大,比较容易管理,分工和专业化得到加强;但是由于多人所有并参与管理,不利于协调和统一,资金和规模仍有限,在一定程度上不利于生产的进一步发展,合伙人之间的契约关系也不稳定。其三,公司制企业(股份公司),指按公司法建立和经营的具有法人资格的厂商组织,企业以创办者和所有者相分离的形式存在。它是一种重要的现代企业组织形式。公司制企业又叫股份公司,股份公司分为两种形式——有限责任公司和股份有限公司。在股份公司中,公司归股东所有,公司的控制权归在董事监督下的总经理。在资本市场上,公司主要利用发行债券和股票来筹集资金。与合伙制企业相比,公司制企业有两个明显的特点:一是建立公司法人治理结构,公司的管理层由股东会、董事会、监事会和总经理组成;二是实行有限责任制度,根据出资额和股份比例分享利润、分担责任。

二、企业的性质

传统的微观经济学理论，把厂商的生产过程看成是一个"黑匣子"，也就是说，企业被抽象成一个由投入到产出的追求利润最大化的"黑匣子"。至于企业本身的性质是什么，是一个被忽略的问题，直到1937年，美国经济学家科斯（Ronald Harry coase）发表了《企业的本质》一文，才开始对这个问题进行研究。关于企业性质问题，西方经济学家有不同的观点，相互之间也存在一些争论。影响较大的是，一部分西方经济学家主要从科斯所强调的交易成本的角度分析企业的性质的。我们要介绍的就是这种具有代表性的观点。科斯开创了用交易成本分析企业性质的先河，要了解企业性质就要先了解交易成本。任何交易都可以看成是交易双方所达成的一项契约，所以交易成本就是围绕交易契约所产生的成本。也就是契约签订前、契约签订时和契约签订后所发生的费用。那么从交易成本角度看，企业的本质是什么，也就是说企业为什么会存在的问题。一些西方经济学家认为，企业作为生产的一种组织形式，在一定程度上是对市场的一种替代。同一笔交易，既可以通过市场的组织形式进行，也可以通过企业的组织形式来进行。企业之所以存在，或者说企业和市场之所以同时并存，是因为有的交易在企业内部进行成本更小，而有的交易在市场进行成本更小，这就是企业的本质。

三、厂商的目标

在微观经济学中，一般总是假定厂商的目标是追求利润最大化。这一基本假定是理性经济人的假定在生产理论中的具体体现。关于这一基本假设，也是存在争议的。因为，在现实经济生活中，厂商有时并不一定能选择实现最大化利润的决策。

在信息不完全的情况下，厂商所面临的市场需求可能是不确定的，而且，厂商也有可能对产量变化所引起的生产成本的变化缺乏了解，于是，厂商长期生存的经验做法也许就是实现销售收入最大化或市场销售份额最大化，以此取代利润最大化的决策。更为一般的情况是，在现代公司制厂商组织中，厂商的所有者往往并不是厂商真正的经营者，厂商的日常决策是由厂商所有者的代理人即经理作出的。厂商所有者和厂商经理之间是委托人与代理人之间的契约关系。由于信息的不完全性，尤其是信息的不对称性，所有者并不能完全监督和控制公司经理的行为，经理会在一定程度上偏离厂商的利润最大化的目标，而追求其他一些有利于自身利益的目标。譬如，经理会追求自身效用最大化，他们并不一定很努力工作，而追求豪华舒适的办公环境，讲究排场。他们也可能为追求销售收入最大化和销售收入持续增长，一味地扩大厂商规模，以此来增加自己的特权和增加自己的收入，并提高自己的社会知名度。他们也可能只顾及厂商的短期利益，而牺牲厂商的长期利润目标，等等。但是，另一方面，经理对利润最大化目标的偏离在很大程度上受到制约。因为，如果经理经营不善，厂商效率下降，公司的股票价值就会下降，投资者就会完全抛售公司股票。在这种情况下，厂商就有可能被其他的投资者低价收购，或者，董事会也有可能直接解雇原先的经理，总之，经理的位子将难以保住。而被解雇的经理再寻找一份合适的工作，往往是很困难的。更重要的是，不管在信息不完全条件下找到利润最大化的策略有多么困难，也不管经理的偏离利润最大化目标的动机有多么强烈，有一点是很清楚的：在长期，一个不以利润最大化为目标的厂商终将被市场竞争所淘汰。所以，实现利润最大化是一个厂商竞争生存的基本准则。在以下的分析中，我们使用厂商生产的目的是追求利润最大化这一基本假设。

四、厂商利润最大化的条件

要获得最大利润就要考虑收益和成本，因为利润＝收益－成本。

（一）收益和成本的概念

1. 收益

收益厂商出售产品时所得到的收入。收益分为：总收益、平均收益和边际收益。

总收益（TR）：厂商销售一定数量产品后所得到的全部收益。

平均收益（AR）：厂商销售每一单位产品平均得到的收益。

边际收益（MR）：厂商每增加销售一单位产品所增加的收益。

2. 成本

成本指厂商进行生产时所消耗的各种生产要素的费用支出。成本分为：总成本、平均成本和边际成本。

总成本（TC）：厂商生产一定数量产品时所支付的全部费用。

平均成本（AC）：厂商每生产一单位产品平均花费的成本。

边际成本（MC）：厂商每增加一单位产品所增加的总成本。

3. 边际报酬递减规律

无论是收益还是成本，其变动都受制于边际报酬递减规律。边际报酬递减规律是指在一定的生产技术条件和其他条件不变的情况下，随着一种生产要素投入量的连续增加，它所带来的产量的增量先是增加，达到最大值以后必然下降。

（二）利润最大化的原则

要达到利润最大，就要遵循成本最小原则和利润最大原则。

1. 成本最小原则

第一，任何两种投入的生产要素的边际产品之比必须等于它们的价格之比。例如：

$$\frac{劳动的边际产量}{资本的边际产量}=\frac{劳动的价格}{资本的价格}$$

第二，投入的任何一种生产要素的价格与边际产量之积必须等于它们的边际成本。例如：

$$劳动的价格 \times 劳动的边际产量 = 劳动的边际成本$$

第三，对每一种生产要素而言，厂商支付每一货币单位所得到的边际产量必须相等。

例如：

$$\frac{劳动的边际产量}{劳动的价格}=\frac{资本的边际产量}{资本的价格}$$

2. 利润最大化原则

利润最大化原则，可以从 MR 和 MC 的关系来分析。

第一，MR>MC 时，这表明，每增加一单位产品所增加的收益大于增加的成本，因而，还有利润可赚，在这种情况下，厂商增产是有利的，因为此时市场处于供不应求的状态。

第二，MR<MC 时，这表明，厂商每多生产一个产品所增加的收益小于增加的成本，在这种情况下，生产越多越不利，厂商应该减少产量，因为市场此时供大于求。

第三，MR=MC 时，这表明，厂商已把可能赚到的利润都赚到手了，实现了利润最大化。

以上分析表明，利润最大化的基本条件是 MR=MC。

第二节 生产要素的投入区域

一、生产要素

厂商进行生产的过程就是从投入生产要素到生产出产品的过程。一般说来，生产任何一种产品，都必须要投入两种以上的生产要素。在西方经济学中，生产要素一般被划分为劳动、土地、资本和企业家才能这四种类型。

第一，劳动，即人的体力与智力。

第二，资本，指土地以外的生产资料，包括实物形态与货币形态。资本的实物形态又称为资本品和投资品，如厂房、机器设备、动力燃料、原材料等。资本的货币形态通常被称为货币资本。

第三，土地，不仅指土地本身，还包括地上、地下的一切资源，如森林、江河湖泊、海洋和矿藏等。

第四，企业家才能，指企业家组织建立与经营管理企业的才能。

厂商可以提供各种实物产品，如房屋、食品、机器、日用品等，也可以提供各种无形产品即劳务，如理发、医疗、金融服务、旅游服务等。

二、生产函数

厂商投入生产要素的组合不同，生产出来的产量也不相同。这种生产要素的投入量和产品的产出量之间的关系可以用生产函数来表示。

（一）生产函数含义

在生产技术给定的条件下，在一定时期内商品的最大产出量与生产要素的投入量之间的物质数量关系。任何生产函数都以一定时期内的生产技术水平为前提条件，一旦生产技术水平发生变化，原有的生产函数就会变化，从而形成新的生产函数。新的生产函数可能是以相同的生产要素的投入量生产出更多或更少的产量，也可能是以变化了的生产要素的投入量进行生产。

生产函数表明了厂商所受到的技术约束。如果用 Q，L，K，N，E 分别代表产量、投入的劳动、资本、土地、企业家才能。那么生产函数可以表示如下。

第四章 生产理论

$$Q=f(L, K, N, E) \tag{4.1}$$

在经济学的分析中，为了简化分析，通常假定生产中只使用劳动和资本这两种要素，则生产函数表示为

$$Q=F(L, K) \tag{4.2}$$

生产函数表示生产中的投入量和产出量之间的依存关系，这种关系普遍存在于各种生产过程中。一家工厂必然具有一个生产函数，一家饭店也是如此，甚至一所学校或医院同样会存在着各自的生产函数。估算和研究生产函数，对于经济理论研究和生产实践都具有一定意义。这也是很多经济学家和统计学家对生产函数感兴趣的原因。

（二）柯布-道格拉斯生产函数

柯布-道格拉斯（Cobb-Dauglas）生产函数是由数学家柯布和经济学家道格拉斯于20世纪30年代初一起提出来的。这个函数被认为是很有用的生产函数，因为该函数以其简单的形式描述了经济学家所关心的一些性质，它在经济理论的分析和实证研究中都具有一定意义。该生产函数的一般形式为

$$Q=AL^{\alpha}K^{\beta} \tag{4.3}$$

柯布-道格拉斯生产函数中的参数 α 和 β 的经济含义是当 $\alpha+\beta=1$ 时，α 和 β 分别表示劳动和资本在生产过程中的相对重要性，α 为劳动所得在总产量中所占的份额，β 为资本所得在总产量中所占的份额。根据柯布和道格拉斯两人对美国1899—1922年有关经济资料的分析和估算，α 值约为0.75，β 值约为0.25。它说明，在这一期间的总产量中，劳动所得的相对份额为75%，资本所得的相对份额为25%。

参数 α、β 的经济含义是：第一，当 $\alpha+\beta=1$ 时，α、β 各表示劳动和资本在生产过程中的相对重要性，α 为劳动所得在总产量中所占份额，β 为资本所得在总产量中所占份额；第二，根据 α、β 之和，判断规模报酬。当 $\alpha+\beta>1$，则为规模报酬递增；当 $\alpha+\beta=1$，则为规模报酬不变；当 $\alpha+\beta<1$，则为规模报酬递减。

三、生产要素投入的数量区域

微观经济学的生产理论可以分为短期生产理论和长期生产理论。如何区分短期生产和长期生产呢？短期指生产者来不及调整全部生产要素的数量，至少有一种生产要素的数量是固定不变的时间周期。长期指生产者可以调整全部生产要素的数量的时间周期。相应地，在短期内，生产要素投入可以分为不变投入和可变投入：生产者在短期内无法进行数量调整的那部分要素投入是不变要

素投入，例如，机器设备、厂房等。生产者在短期内可以进行数量调整的那部分要素投入是可变要素投入，例如，劳动、原材料、燃料等。在长期内，生产者可以调整全部的生产要素投入，例如，生产者根据企业的经营状况，可以缩小或扩大生产规模，甚至还可以加入或退出一个行业的生产。由于在长期所有的要素投入量都是可变的，因而也就不存在可变要素投入和不变要素投入的区分。

在这里，短期和长期的划分是以生产者能否变动全部要素投入的数量作为标准的。对于不同的产品生产，短期和长期的界限规定是不相同的。譬如，变动一个大型造船厂的规模可能需要 5 年的时间，而变动一个豆腐坊的规模可能仅需要一个月的时间。即前者的短期和长期的划分界限为 5 年，而后者仅为 1 个月。

微观经济学通常以一种可变生产要素的生产函数考察短期生产理论，以两种可变生产要素的生产函数考察长期生产理论。

（一）短期生产

1. 短期生产函数

根据生产函数 $Q = F(L, K)$，假定资本投入量是固定的，劳动投入量是可变的，用 L 表示，生产函数表示如下。

$$Q = f(L) \tag{4.4}$$

2. 总产量、平均产量和边际产量

厂商投入生产要素所能得到的产量有三种，总产量、平均产量和边际产量。

总产量（TP）：是指一定的生产要素投入量所提供的全部产量。TP = (L, K)。

平均产量（AP）：是指单位生产要素提供的产量。AP = TP/L 或 AP = TP/Q，这里的 Q 代表的是生产要素投入的数量。

边际产量（MP）：是指增加一个单位可变要素投入量所增加的产量。

$$MP = \frac{\Delta TP}{\Delta L} \tag{4.5}$$

$$MP = \frac{dTP}{dL} \tag{4.6}$$

$$MP = \frac{\Delta TP}{\Delta Q} \tag{4.7}$$

下面通过表 4.1 说明一种可变生产要素的生产函数的总产量、平均产量和边际产量的关系。

表4.1 1亩（1亩=666.667平方米）土地上投入不同劳动量的 TP，AP 和 MP

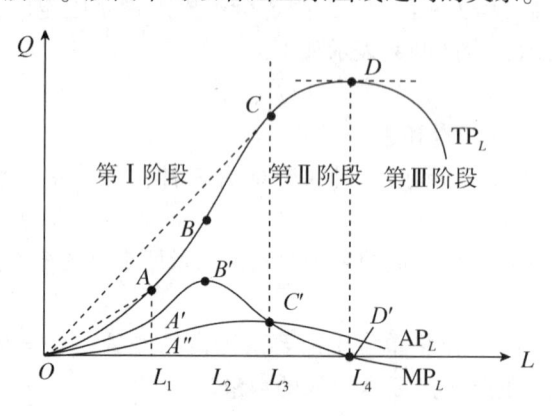

劳动投入	总产量	平均产量	边际产量
0	0	0	0
1	8	8	8
2	20	10	12
3	36	12	16
4	48	12	12
5	55	11	7
6	60	10	5
7	60	8.6	0
8	56	7	-4

根据表4.1可以在坐标图中绘制出总产量曲线、平均产量曲线和边际产量曲线，如图4.1所示。从图中可以看出三条曲线之间的关系。

图4.1 TP_L，AP_L 和 MP_L 的关系

第一，总产量曲线和平均产量曲线的关系。连接 TP_L 曲线上任一点和坐标原点的线段的斜率，可以表示为该点上的 AP_L 值。在图4.1中，当 AP_L 曲线在 C' 点达最大值时，TP_L 曲线必然有一条从坐标原点出发的最陡的切线，相切 TP_L 曲线于相应的 C 点。

第二，总产量曲线和边际产量曲线的关系。过 TP_L 曲线上任一点的切线的斜率，可以表示为该点上的 MP_L 值。在图4.1中，在总产量的上升段（D 点以

前），MP_L 为正值。当 TP_L 曲线在 D 点达最大值时，MP_L 为 0。在总产量的下降段（D 点以后），MP_L 为负值。进一步地，当 TP_L 曲线先以递增的速率增加时，MP_L 曲线上升，当 TP_L 曲线的斜率在拐点 B 达最大值时，MP_L 曲线在 B' 点达最大值；当 TP_L 曲线在 B 点后以递减的速率继续增加时，MP_L 曲线在 B' 点后下降。直至 TP_L 曲线的斜率在 D 点降为 0 时，MP_L 曲线在 D' 点与坐标横轴相交。

第三，平均产量曲线和边际产量曲线的关系。平均产量曲线和边际产量曲线相交于平均产量曲线的最大值点。MP_L 曲线的变动快于 AP_L 曲线的变动。原因在于边际量与平均量之间存在着如下关系：对于任何两个相应的边际量和平均量而言，只要边际量小于平均量，边际量就把平均量拉下；只要边际量大于平均量，边际量就把平均量拉上；当边际量等于平均量时，平均量必然达到其自身的极值点。

例如：某排球队的平均身高是 1.80 m（平均量），新加入的一名队员身高 1.85 m（边际量），则全队的平均身高就会增加。反之，如果新加入的一名队员身高是 1.75 m（边际量），则全队的平均身高就会下降。

在图 4.1 中，在 C' 点以前，MP_L 曲线高于 AP_L 曲线，MP_L 曲线将 AP_L 曲线拉上，AP_L 曲线是上升的；在 C' 点以后，MP_L 曲线低于 AP_L 曲线，MP_L 曲线将 AP_L 曲线拉下，AP_L 曲线是下降的。MP_L 曲线与 AP_L 曲线相交于 AP_L 曲线的最大值点 C' 点。

3. 边际报酬递减规律

边际报酬递减规律又称边际收益递减规律，是指在其他条件不变的情况下，如果一种投入要素连续地等量增加，增加到一定产值后，所提供的产品的增量就会下降，即可变要素的边际产量会递减。这就是经济学中著名的边际报酬递减规律。

在理解边际报酬递减规律时要注意这样几个要点。第一，其他条件不变包括两个因素：一是技术水平不变，该规律不能预测在技术水平变动的情况下，增加一单位要素投入对产量的影响；二是其他要素投入量不变，该规律对于所以投入要素同时变化的情况并不适用。第二，随着可变要素投入量的增加，边际产量要经过递增、递减，甚至成为负数的过程。第三，边际报酬递减规律是一个以生产实践经验为根据的一般性概括，它指出了生产过程中的一条普遍规律，对于现实生活中绝大多数生产函数都是适用的。

边际报酬递减规律存在的原因是，在产品的生产过程中，不变要素投入和可变要素投入之间存在着一个最佳组合比例。由于不变要素投入量总是存在的，随着可变要素投入量逐渐增加，生产要素的组合逐渐接近最佳组合比例，可变要素的边际产量递增。生产要素的组合达到最佳组合比例时，可变要素的边际产量达到最大值。此后，随着可变要素投入量继续增加，生产要素的组合逐渐偏离最佳组合比例，可变要素的边际产量递减。边际报酬递减规律决定了边际产量曲线呈先升后降的特征。

边际报酬递减规律在经济学中意义重大。以农业为例，当增加劳动后产出会大大增加——田地更加精耕细作，灌溉沟渠更加整齐。但是，增加的劳动带来的产出会越来越少。一天中的第三次除草和第四次给机器上油只能增加很少的产出。最后，当大量劳动力涌向农田，产出几乎不会再增加，过多的耕作者会毁坏农田。

4. 生产的三个阶段

分析一种可变要素的合理投入时，可根据产量的变化将生产过程划分为平均产量递增、平均产量递减和边际产量为负三个阶段。如图 4.2 所示。

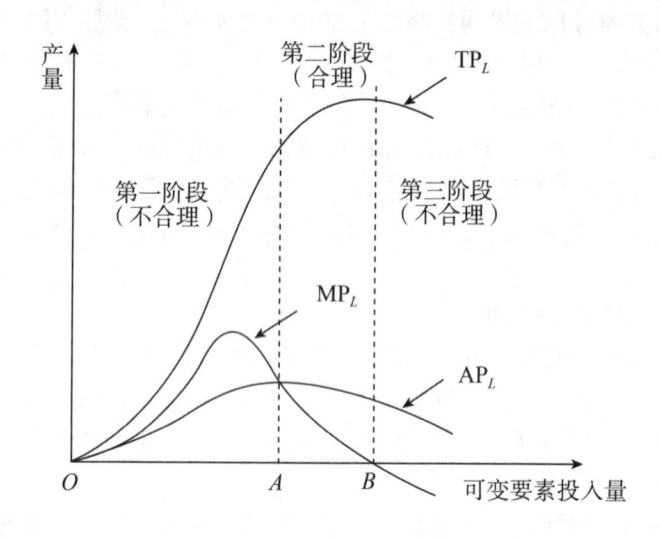

图 4.2 短期生产三个阶段

第一阶段，可变要素投入增加至平均产量达到最大。在此阶段的产量和平均产量都是递增的，所以理性的生产者不会选择减少这一阶段的劳动投入量，而会继续增加劳动投入量。

第二阶段，平均产量开始递减至边际产量为零。在此阶段，平均产量和边际产量都处于递减阶段，但总产量是增加的，且达到最大。

第三阶段，总产量开始递减，边际产量为负。在此阶段，总产量开始下降，所以理性的生产者不会选择增加这一阶段的劳动投入量，而是会减少劳动投入量。

综上所述，理性的生产者不会选择第一阶段和第三阶段进行生产，必然选择在第二阶段组织生产，即只有第二阶段才是可变要素投入的合理区域。但在这一区域中，生产者究竟投入多少可变要素，可生产多少，必须结合成本函数才能确定。

(二) 长期生产

长期生产解决的是生产者均衡的问题，所谓生产者均衡是指研究生产者如何选择最优的生产要素组合，从而实现既定成本条件下的最大产量，或者实现既定产量条件下的最小成本。

1. 生产要素最适组合的原则

厂商在进行生产时为了实现利润最大化，一定要考虑购买各种生产要素时能获得的边际产量与所付出的价格。生产要素最适组合的原则是，在成本既定的情况下，要使所购买的各种生产要素的边际产量与价格的比例相等，即要使每一单位货币无论购买何种生产要素都能得到相等的边际产量。

如果现在所使用的生产要素是劳动和资本，分别用 L 与 K 代表，劳动的边际产量为 MP_L，价格为 P_L，购买量为 Q_L，资本的边际产量为 MP_K，价格为 P_K，购买量为 Q_K，成本为 C，则生产要素最适组合的公式表示如下。

$$\begin{cases} P_L \cdot Q_L + P_K \cdot Q_K = C \\ \dfrac{\mathrm{MP}_L}{P_L} = \dfrac{\mathrm{MP}_K}{P_K} P_L \end{cases} \quad (4.8)$$

2. 等产量线与生产要素最适组合的确定

西方经济学家还用等产量线这一概念来说明生产要素最适组合的确定。等产量线表示某一固定数量的产品可以用所需要的各种生产要素的不同数量的组合生产出来。

例如，现在用 L（劳动）与 K（资本）两种生产要素生产产品 A，它们有 a, b, c, d 四种组合方式，这四种组合方式都可以得到相同的产量。于是可以作出表4.2。

表4.2 生产产品 A 所需要的劳动和资本的组合方式

组合方式	L（劳动）	K（资本）
a	1	6
b	2	3
c	3	2
d	6	1

根据表 4.2，可以作出图 4.3。在这个图中，横轴 OL 代表劳动量，纵轴 OK 代表资本量，Q 代表等产量线，线上任何一点 L 与 K 不同数量的组合都能生产出相等的产量。

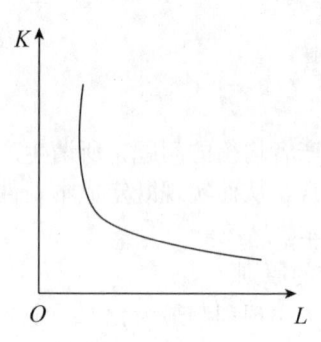

图 4.3　等产量曲线

等产量线的特征如下。

第一，等产量线是一条向右下方倾斜的线，其斜率为负值。

第二，在同一平面图上，可以有无数条等产量线。同一条等产量线代表同样的产量，不同的等产量线代表不同的产量。离原点越远的等产量线所代表的产量越高，离原点越近的等产量线所代表的产量越低。

第三，在同一平面图上，任何两条等产量线决不能相交，否则在交点上两条等产量线代表了相同的产量水平，与第二个特征相矛盾。

第四，等产量线是一条凸向原点的线。这一点要用边际技术替代率（marginal rate of technical substitution）这一概念来说明。

边际技术替代率是维持相同产量水平时，增加一种生产要素的数量与可以减少的另一种生产要素的数量之比。例如，增加劳动可以减少资本，增加的劳动的数量与减少的资本的数量之比就是以劳动代替资本的边际技术替代率，写作 $MRTS_{LK}$，如以 ΔL 代表 L 的增加量，以 ΔK 代表资本的减少量，则：

$$MRTS_{LK} = \Delta K / \Delta L \tag{4.9}$$

根据表 4.2 的例子，计算出边际技术替代率 $MRTS_{LK}$ 的值，如表 4.3 所示。

表 4.3　边际技术替代率

变动情况	L 的增加量	K 的减少量	$MRTS_{LK}$
从 a 到 b	1	3	3
从 b 到 c	1	1	1
从 c 到 d	3	1	0.33

从表4.3可以看出，边际技术替代率是递减的。这是因为边际收益递减规律在起作用，当劳动不断增加时，它的边际收益递减，所能代替的资本的数量就越来越少。

边际技术替代率实际上就是等产量线的斜率，例如，从a到b的边际技术替代率就是等产量线上从a到b的斜率。等产量线的斜率是逐渐减少的，所以它就是一条凸向原点的曲线。

在运用等产量线说明生产要素最适组合的确定时，还应了解等成本线。等成本线表示既定的成本可以购买的各种生产要素数量的最大组合。如图4.4所示。

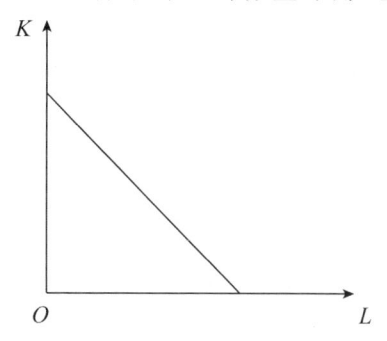

图4.4 等成本曲线

如果等产量线与等成本线合在一个图上，那么等成本线必定与无数条等产量线中的一条相切于一点。在等产量线与等成本线的切点上就实现了生产要素的最适组合。如图4.5（a）和（b）所示。

在图4.5（a）中，Q_1，Q_2，Q_3为三条等产量线，其中Q_3代表的产量最高，Q_2次之，Q_1代表的产量水平最低。AB是等成本线。AB与Q_2相切于E点，在E点实现了生产要素最适组合。这就是说，在成本既定的条件下，购买OM的劳动，ON的资本可以获得最大产量，或者是在既定的产量下，购买OM的劳动和ON的资本所用的成本最小。为什么只有在E点上才能实现生产要素最适组合。Q_3代表的产量水平大于Q_2所代表的产量水平，但是Q_3与AB线既不相交又不相切，说明达到Q_3产量水平的L与K的组合是现有成本下所达不到的。AB与Q_1相交于F与G两点，F与G在AB线上，也是在既定成本下，所购买L与K的最大数量组合，但在这两种组合的情况下所达到的产量水平Q_1又小于Q_2所代表的产量水平，因此并没有达到既定成本下的最大产量。此外，Q_2上得其他各点也是在AB线之外，无法实现。在Q_2的产量水平下，只有OM的L与ON的K是最小成本。所以，只有在E点上才能实现生产要素的最适组合。

在图 4.5 (b) 中，厂商追求既定产量，要获得最大利润，则应该使成本最小。厂商使用的成本不尽相同，那么可以作出一条等产量曲线和若干条等成本线，在这若干条等成本线中，总有一条是与等产量曲线相切的，则切点就是生产者均衡点。图 4.5 中，A_1B_1 表示的成本数量无法满足生产既定产量。A_3B_3 能实现既定产量，但花费比 A_2B_2 大，E 点能满足既定产量，又在等成本线上且花费最少，所以 E 点是生产者均衡点，即 E 点为生产要素的最佳组合点。

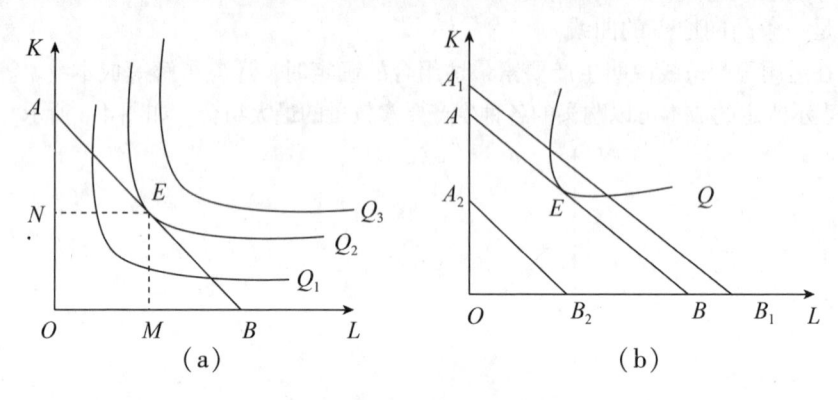

图 4.5　长期生产的生产要素最适组合

四、扩展线

在其他条件不变时，当生产的产量或成本发生变化时，厂商会重新选择最优的生产要素组合，在变化了的产量条件下实现最小成本，或在变化了的成本条件下实现最大产量。扩展线是在生产要素的价格、生产函数和其他条件不变时，当生产成本或产量发生变化时形成的生产均衡点的轨迹。由于在扩展线上的所有的生产均衡点上边际技术替代率都相等，扩展线一定是一条等斜线。厂商必然会沿着扩展线来选择最优的生产要素组合，从而实现生产的均衡。如图 4.6 所示，曲线 ON 是一条扩展线。

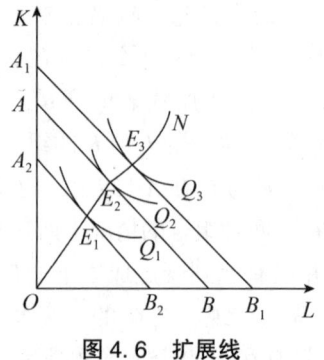

图 4.6　扩展线

第三节 成本理论

企业的生产成本又称为生产费用,通常被看成是企业对所使用的各种生产要素的货币支出。然而,西方经济学家指出,在经济学的分析中,仅从这样的角度来理解成本概念是不够的。为此,他们又提出了机会成本以及显成本和隐成本的概念。

一、成本的概念

(一)机会成本

1. 机会成本的含义

西方经济学家认为,经济学是要研究一个经济社会如何对稀缺的经济资源进行合理配置的问题。从经济资源的稀缺性这一前提出发,当一个社会或一个企业用一定的经济资源生产一定数量的一种或者几种产品时,这些经济资源就不能同时被使用在其他的生产用途方面。这就是说,这个社会或这个企业所获得的一定数量的产品收入,是以放弃用同样的经济资源来生产其他产品时所能获得的收入作为代价的。由此,便产生了机会成本的概念。例如,当一个厂商决定利用自己所拥有的经济资源生产一辆汽车时,这就意味着该厂商不可能再利用相同的经济资源来生产300辆自行车。于是,可以说,生产一辆汽车的机会成本是所放弃生产的300辆自行车。如果用货币数量来代表其对实物商品数量的表述,且假定300辆自行车的价值为10万元,则可以说,一辆汽车的机会成本是价值为10万元的其他商品。一般地,生产一单位的某种商品的机会成本是指生产者所放弃的使用相同的生产要素在其他生产用途中所能得到的最高收入。在西方经济学中,企业的生产成本应该从机会成本的角度来理解。

2. 机会成本的计算

生产一单位的某种商品的机会成本是指生产者所放弃的使用相同的生产要素在其他生产用途中所能得到的最高收入。使用一种资源的机会成本是指把该资源投入某一特定用途以后所放弃的在其他用途中所能够获得的最大利益。经济学核算的经济成本和会计学核算的会计成本是不同的。下面举例说明机会成本的计算方法。

例:企业甲每年耗用钢材100 t,用的是库存材料,购买价格是1 000元/

t。企业乙每年也耗用钢材 100 t，用的是现购材料，市价为 1 200 元/t。试求企业甲和企业乙的会计成本和机会成本。

解：企业甲：会计成本 = 1 000×100 = 100 000 元；
　　　　　机会成本 = 1 200×100 = 120 000 元。
　　企业乙：会计成本 = 1 200×100 = 120 000 元；
　　　　　机会成本 = 1 200×100 = 120 000 元。

归纳起来，不同情况下机会成本的计算方法包含：自有资金（或建筑物）的机会成本等于把它租借给别人可以得到的利息（或租金）收入。自己兼任经理的机会成本，等于自己到别处工作可以得到的收入。闲置的机器设备的机会成本为零。机器如果原来生产产品 A，可得一笔贡献利润（等于收入减去变动成本），现在用来生产产品 B 的机会成本等于它生产产品 A 的贡献利润。使用过去买进的原材料，现在行情变了，其机会成本按现价计算。使用按目前行情买入、租入或雇佣的原材料、资金、建筑物、机器设备、劳动力等，其机会成本等于会计成本。折旧的机会成本等于会计成本（假设期末变卖价值等于残值）。

（二）显成本和隐成本

显成本（explicit cost）是指厂商在生产要素市场上购买或租用所需要的生产要素的实际支出。例如，某厂商雇用了一定数量的工人，从银行取得了一定数量的贷款，并租用了一定数量的土地，为此，这个厂商就需要向工人支付工资，向银行支付利息，向土地出租者支付地租，这些支出便构成了该厂商的生产的显成本。从机会成本的角度讲，这笔支出的总价格必须等于这些生产要素的所有者将相同的生产要素使用在其他用途时所能得到的最高收入。否则，这个企业就不能购买或租用到这些生产要素，并保持对它们的使用权。

隐成本（implicit cost）是指厂商在生产过程中或经营活动中所使用的自己所拥有的投入物的价值。例如，为了进行生产，一个厂商除了雇用一定数量的工人、从银行取得一定数量的贷款和租用一定数量的土地之外（这些均属于显成本支出），还动用了自己的资金和土地，并亲自管理企业。西方经济学家指出，既然借用了他人的资本需付利息，租用了他人的土地需付地租，聘用他人来管理企业需付薪金，那么，同样道理，在这个例子中，当厂商使用了自有生产要素时，也应该得到报酬。不同的是，现在厂商是自己向自己支付利息、地租和薪金。所以，这笔价值就应该记入成本之中。由于这笔成本支出不如显成本那么明显，故被称为隐成本。隐成本也必须从机会成本的角度按照企业自有生产要素在其他用途中所能得到的最高收入来支付，否则，厂商会把自有生产要素转移出本企业,以获得更高的报酬。

机会成本(总成本、生产成本)= 显成本+隐成本。企业的生产成本可以分为显成本和隐成本两个部分。

(三) 增量成本与沉没成本

增量成本是指某项决策带来的总成本的变化。沉没成本是指已经发生而无法收回的成本。

例:某公司不愿意按 500 元/h 的价格出租富余的计算机,原因是,计算机的标准间接费用为 250 元/h,边际运行费用为 300 元/h,合计 550 元/h,大于 500 元/h。问:你如何评价?

解:因为标准间接费用 250 元/h 是本决策的沉没成本,应不予考虑。实际上如果出租成本只增加 300 元/h,小于价格 500 元/h,因此应该出租,可以赚得 200 元/h 来弥补一部分固定成本。

(四) 利润

经济利润是指厂商的总收益和总成本之间的差额。厂商所追求的最大利润,指的就是最大的经济利润。经济利润也被称为超额利润。

正常利润是指厂商对自己所提供的企业家才能的报酬的支付。(根据上面对隐成本的分析可知,正常利润是隐成本的一种组成部分)

会计利润即企业的总收益减去企业的会计成本。

二、短期成本

(一) 短期总成本 (STC, short-run total cost)

1. 短期总成本的定义

短期总成本 STC 是厂商在短期内为生产一定数量的产品所耗费的全部成本,其中包括固定成本和变动成本两部分。固定成本(TFC, total fixed cost)是指厂商在短期内为生产一定数量的产品,购买不变生产要素的费用支出,这种成本不随产量的变动而变动。变动成本(TVC, total variable cost)是厂商在短期内生产一定的产品,购买可变生产要素的费用支出。

2. 公式表示为

$$STC = TFC + TVC \tag{4.10}$$

$$STC = P_L L(Q) + P_K \overline{K} \tag{4.11}$$

3. 短期总成本曲线

STC 曲线可由相应的 TP_L 曲线求出，在 TP_L 曲线上，找到与每一产量水平相对应的可变要素劳动的投入量；再用所得的可变要素劳动的投入量去乘已知的劳动价格，便可得到每一产量水平上的可变成本，即 STVC 曲线。

STFC 是一常数，故 TFC 曲线是一条与横轴平行的直线，表示不随产量的变动而变动，是一固定数。STVC 曲线是一条从原点出发且向右上方倾斜的曲线，表示随产量的增加而增加，但增加的幅度却是先以递减的速率增加，后以递增的速率增加。STC 曲线的形状与 STVC 曲线相同，也是向右上方倾斜，说明 STC 与 STVC 变动规律相同。STC 曲线与 STVC 曲线之间的距离即是 TFC。如图 4.7 所示。

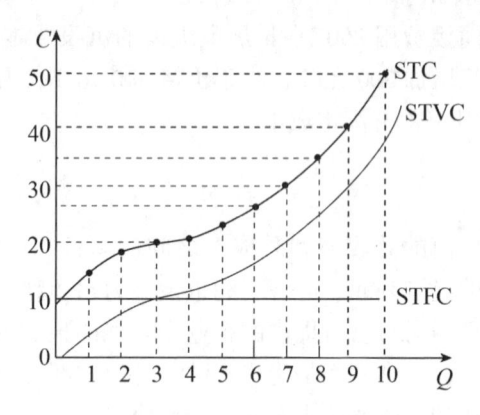

图 4.7 短期成本曲线

（二）短期平均成本（SAC）与短期边际成本（SMC）

1. 短期平均成本

SAC（Short-run Average Cost）是指平均每单位产品上分摊的全部成本。计算方法为总成本除以产量，即

$$SAC = STC/Q \tag{4.12}$$

2. 短期平均成本分类

SAC 分为短期平均固定成本和短期平均可变成本。

$$SAC = AFC + AVC \tag{4.13}$$

其中，平均固定成本（AFC，average fixed cost）是指每单位产品上分摊的固定成本，固定成本除以产量，即

$$AFC = TFC/Q \tag{4.14}$$

平均变动成本（AVC，average variable cost）是指每单位产品上分摊的变

动成本，变动成本除以产量，即

$$AVC = TVC/Q \tag{4.15}$$

3. 短期平均成本曲线

AFC 曲线是一条与纵轴和横轴无限接近的渐近线，表示 AFC 随着产量的增加而不断减少，且 AFC 减少的幅度出现先大后小的趋势。AVC 曲线是 U 形曲线，表示 AVC 随产量的增加，先下降后上升的特征。如图 4.8 所示。

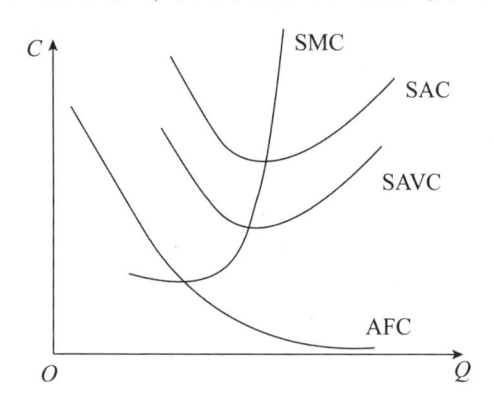

图 4.8　短期平均成本曲线与短期边际成本曲线

SAC 曲线的形状与 AVC 曲线相同，也是先下降后上升的"U"形曲线，表明随产量数的增加先下降而后上升的变动规律，但它开始时比平均可变成本陡峭，说明下降的幅度比平均可变成本大，以后的形状与平均可变成本曲线基本相同。SAC 曲线的最低点在 AVC 曲线最低点的右上方，SAC 曲线和 AVC 曲线随着产量的增加而逐渐接近，但永不相交。

(三) 短期边际成本 (SMC, short-run marginal cost)

1. 短期边际成本定义

短期边际成本是厂商在短期内增加一单位产品所增加的总成本。

2. 短期边际成本计算公式

$$SMC = \Delta STC/\Delta C = dSTC/dQ = d(TFC+TVC)/dQ = dTVC/dQ \tag{4.16}$$

3. 短期边际成本曲线

短期边际成本曲线呈 U 形——表示 SMC 随产量的增加，先下降后上升的特征，与 MPL 正相反。SMC 曲线变化趋势为开始时，边际成本随着产量的增加而减少，当产量增加到一定程度时，就随着产量的增加而增加。SMC 曲线是一条先下降而后上升的"U"形曲线。如图 4.8 所示。

(四) 各种短期成本曲线之间的关系

1. STC、TVC 与 SMC 曲线之间的关系

SMC 是 STC 曲线上所有点的切线的斜率,同时也是 TVC 曲线的切线的斜率。

2. STC 与 SAC 曲线之间的关系

SAC 是 STC 曲线上所有点与原点连线的斜率值的轨迹。TVC 与 AVC 之间,TFC 与 AFC 之间均同理。

3. SMC 曲线与 AVC 曲线、SAC 曲线之间的关系

当 SMC 小于 AVC、SAC 时,AVC 曲线、SAC 曲线就下降;当 SMC 大于 AVC、SAC 时,AVC 曲线、SAC 曲线就上升;当 SMC 等于 AVC、SAC 时,AVC 曲线、SAC 曲线达到最低点;且 SMC 曲线先后分别穿过 AVC 曲线、SAC 曲线的最低点。如图 4.9 所示,SMC 与 SAC 相交于 SAC 的最低点 A,SMC 与 AVC 相交于 AVC 的最低点 B,A 点为收支相抵点,B 点为停止营业点。

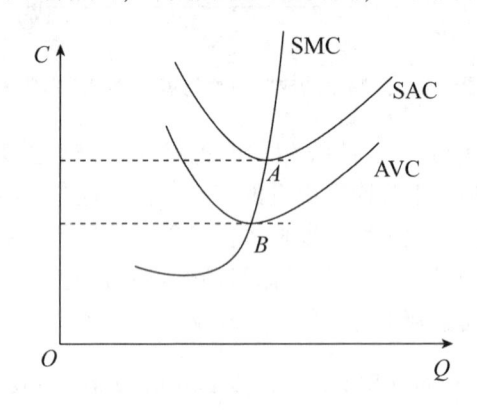

图 4.9 收支相抵点与停止营业点

三、长期成本分析

(一) 长期总成本 (LTC, long-run total cost)

1. 长期总成本函数

LTC 是指厂商在长期中在每一个产量水平上通过改变生产规模所能达到的最低总成本,长期总成本随产量的增加而增加。长期总成本函数公式表示如下。

$$\text{LTC} = \text{LTC}(Q), \quad \text{LTC} = P_L L(Q) + P_K K(Q) \tag{4.17}$$

2. 长期总成本曲线

LTC 曲线是 STC 曲线的包络线。它从短期总成本曲线的下方包络众多短期总成本曲线。由于规模报酬的原因，LTC 曲线的特征表现为从原点出发向右上方倾斜的曲线。即随着产量的增加，LTC 曲线先以递减的速率增加，后以递增的速率增加。如图 4.10 所示。

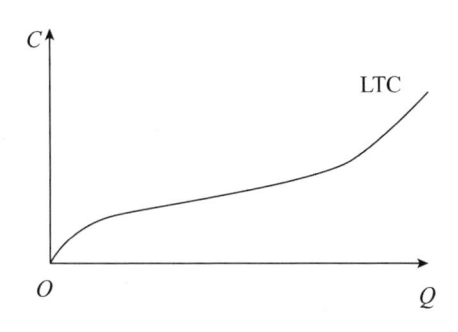

图 4.10 长期总成本曲线

（二）长期平均成本（LAC, Long-run average cost）

1. 长期平均成本函数

长期平均成本函数 LAC 表示的是厂商在长期内按产量平均计算的最低点总成本。长期平均成本函数表示如下。

$$\text{LAC} = \text{LTC}(Q) / Q \tag{4.18}$$

2. 长期平均成本曲线

LAC 曲线是无数条 SAC 曲线的包络线。在这条包络线上，在连续变化的每一个产量水平，都存在 LAC 曲线和一条 SAC 曲线的相切点，该切点所对应的平均成本就是相应的最低平均成本。LAC 曲线表示厂商在长期内在每一产量水平上可以实现的最小的平均成本。LAC 曲线并不是由许多 SAC 曲线的最低点组成的。一般情况下，SAC 曲线的最低点均高于 LAC。LAC 曲线呈 U 形变化，如图 4.11 所示。

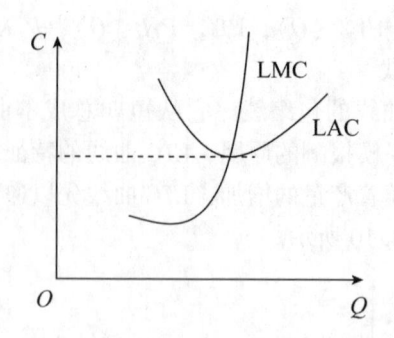

图 4.11　长期平均成本曲线和长期边际成本曲线

(三) 长期边际成本 (LMC, long-run marginal cost)

1. 长期边际成本函数

长期边际成本 LMC 是指在长期内每增加一单位产量所增加的总成本。长期边际成本 LMC 函数公式表示如下。

$$LMC = \Delta LTC/\Delta Q \text{ 或 } LMC = \lim \Delta LTC/\Delta Q = dLTC/dQ \quad (4.19)$$

由于 LTC 是厂商最优产量时的最低短期总成本 STC。因此，长期总成本 LTC 曲线与 STC 曲线相切于最优产量那一点。

2. 长期边际成本曲线

长期边际成本 LMC 曲线呈 U 形变化，LMC 与 LAC 的关系相交于 LAC 的最低点。如图 4.11 所示。

第四节　规模报酬

规模报酬分析涉及的是企业的生产规模变化与所引起的产量变化之间的关系。企业只有在长期内才可能变动全部生产要素，进而变动生产规模，因此，企业的规模报酬分析属于长期生产理论问题。

在生产理论中，通常是以全部的生产要素都以相同的比例发生变化来定义企业的生产规模的变化。相应地，规模报酬变化是指在其他条件不变的情况下，企业内部各种生产要素按相同比例变化时所带来的产量变化。企业的规模报酬变化可以分为规模报酬递增、规模报酬不变和规模报酬递减三种情况。

第一，规模报酬递增。若产量增长率快于各种生产要素投入增长率，则称生产函数为规模报酬递增。例如,当全部的生产要素劳动和资本都增加100%时,产量的增加大于100%。产生规模报酬递增的主要原因是企业生产规模扩大所带来的生产效率的提高。它可以表现为,生产规模扩大以后,企业能够利用更先进的技术和机器设备等生产要素,而较小规模的企业可能无法利用这样的技术和生产要素。随着对较多的人力和机器的使用,企业内部的生产分工能够更合理和专业化。此外,人数较多的技术培训和具有一定规模的生产经营管理,也都可以节省成本。

第二,规模报酬递减。若产量增长率慢于各种生产要素投入增长率,则称该生产函数为规模报酬递减。例如,当全部生产要素劳动和资本都增加100%时,产量增加小于100%。一般可以预计两个相同的工人使用两台相同的机器所生产的产量,是一个这样的工人使用一台这样的机器所生产的产量的两倍。这就是规模报酬不变的情况。

第三,规模报酬固定。若产量增长率等于各种生产要素投入增长率,则称该生产函数为规模报酬固定。例如,当全部生产要素劳动和资本都增加100%时,产量的增加等于100%。产生规模报酬递减的主要原因是由于企业生产规模过大,使得生产的各个方面难以得到协调,从而降低了生产效率。它可以表现为企业内部合理分工的破坏,生产有效运行的障碍,获取生产决策所需的各种信息的不易等。

一般来说,在长期生产过程中,企业的规模报酬的变化呈现出如下的规律:当企业从最初的很小的生产规模开始逐步扩大的时候,企业面临的是规模报酬递增的阶段。在企业得到了由生产规模扩大所带来的产量递增的全部好处以后,一般会继续扩大生产规模,将生产保持在规模报酬不变的阶段。这个阶段有可能会比较长。在这之后,企业若继续扩大生产规模,就会进入一个规模报酬递减的阶段。

第五章 市场理论

市场理论把资本主义的市场结构分成四种类型：完全竞争、垄断竞争、寡头垄断和完全垄断。它所要解决的正是在不同的市场结构下，价格与产量的决定。这一理论主要是美国经济学家张伯仑（E. H. Chamberlin）和英国经济学家琼·罗宾逊（Robinson John Violet）提出来的。这一理论也被认为是价值理论的新发展。

第一节 企业行为与市场结构

一、市场、行业与市场类型

为什么要研究市场类型？因为同种产品在不同类型的市场上，其价格形成具有不同的特点。市场是指从事某一种商品买卖的交易场所或接触点，它可以是有形的、也可以是无形的。行业——指制造或提供同一产品或类似产品、劳务的厂商的集合。

可以按照市场竞争程度的强弱把市场划分成不同的类型，而市场竞争程度的强弱又受到多种因素的影响，具体表现如下：

第一，市场上厂商的数目：厂商数目越多市场的竞争程度越强；

第二，厂商之间各自提供的产品的差别程度：厂商各自提供的产品差别程度越小，市场的竞争程度越强；

第三，单个厂商对市场价格控制的程度，单个厂商对市场价格控制的程度越弱，市场的竞争程度越强；

第四，厂商进入或退出一个行业的难易程度，厂商越容易进入或退出一个行业，市场的竞争程度越强。

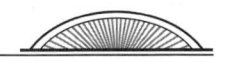

二、四种市场结构的比较

市场理论按照市场竞争程度的强弱把市场划分成四种不同的类型，完全竞争市场、垄断竞争市场、寡头垄断市场和完全垄断市场。市场竞争程度的强弱又受到多种因素的影响，下面从市场竞争程度的影响因素对四种市场类型进行比较，如表 5.1 所示。

表 5.1 市场类型的划分和特征

市场类型	厂商数目	产品差别	对价格的控制程度	进出一个行业的难易程度	接近那种商品市场
完全竞争	很多	完全无差别	没有	很容易	一些农产品如玉米，小麦
垄断竞争	很多	有差别	有一些	比较容易	一些轻工业品如服装、食品
寡头	几个	有差别或无差别	相当程度	比较困难	汽车、石油
垄断	唯一	具有唯一的产品，且无相近的替代品	很大程度但常受管制	很困难，几乎不可能	公用事业，如水、电

三、厂商的收益和利润

（一）厂商的收益——总收益、平均收益和边际收益

1. 总收益（TR，total revenue）

（1）定义：厂商在一定时期，一定价格水平下出售一定数量产品得到的全部收入，即出售产品的总卖价。

（2）公式

$$TR(Q) = PQ \quad (5.1)$$

2. 平均收益（AR，average revenue）

（1）定义：一定时期，厂商销售单位产品所获得的收入。
（2）公式

$$AR(Q) = \frac{TR(Q)}{Q} \tag{5.2}$$

3. 边际收益（MR，marginal revenue）

（1）定义：一定时期，厂商每增加或减少一单位产品销售所引起总收入的变动量。
（2）公式

$$MR(Q) = \frac{\Delta TR(Q)}{\Delta Q} \text{ 或 } MR(Q) = \frac{dTR(Q)}{dQ} \tag{5.3}$$

（二）厂商的利润及其最大

（1）厂商的利润：利润＝总收益－总成本。
（2）厂商的利润极大化的条件：

$$MR = MC \tag{5.4}$$

第二节　完全竞争市场中的厂商均衡

一、完全竞争市场的条件

完全竞争（PCM，perfect competition market）又称纯粹竞争，是指一种竞争不受任何阻碍和干扰的市场结构。严格来说在现实生活中是没有完全竞争市场的存在的，但它是分析各种市场结构中厂商产品价格和产量决定的基础。

一个市场被称之为完全竞争市场必须具备以下几个条件。

第一，市场上存在大量的买者和卖者。由于市场上有无数的买者和卖者，所以相对于整个市场的总需求量和总供给量而言，每一个买者的需求量和每一个卖者的供给量都是微不足道的，都好比是一桶水中的一滴水。任何一个买者买与不买，或买多买少，以及任何一个卖者卖与不卖，或卖多卖少，都不会对市场的价格水平产生任何的影响。于是，在这样的市场中，每一个消费者或每一个厂商对市场价格没有任何的控制力量，他们每一个人都只能被动地接受既定的市场价格，他们被称为价格接受者。

第二，市场上的产品是同质的。这里的商品同质是指厂商之间提供的商品是完全无差别的，它不仅指商品的质量、规格、商标等完全相同，还包括购物环境、售后服务等方面也是完全相同的。这样一来，对于消费者来说，无法区分产品是哪家厂商生产的，或者说，购买任何一家厂商的产品都是一样的。在这种情况下，如果有一个厂商单独提价，那么，他的产品就会完全卖不出去。当然，单个厂商也没有必要单独降价。因为，在一般情况下，单个厂商总是可以按照既定的市场价格实现属于自己的那一份相对来说很小的销售份额。所以厂商既不会单独提价，也不会单独降价。可见，完全竞争市场的第二个条件，进一步强化了在完全竞争市场上每一个买者和卖者都是被动的既定市场价格的接受者的说法。

第三，市场上的资源完全自由流动。这意味着厂商进入或退出一个行业是完全自由和毫无困难的，所有资源可以在各厂商之间和各行业之间完全自由地流动，不存在任何障碍。这样，任何一种资源都可以及时地投向所能获得最大利润的生产，并及时地从亏损的生产中退出。在这样的过程中，缺乏效率的企业将被市场淘汰，取而代之的是具有效率的企业。

第四，市场上的信息是完全的。市场上的每一个买者和卖者都掌握与自己的经济决策有关的一切信息。这样，每一个消费者和每一个厂商都可以根据自己所掌握的完全的信息，作出自己的最优的经济决策，从而获得最大的经济利益。而且，由于每一个买者和卖者都知道既定的价格，都按照这一既定的价格进行交易，这也就排除了由于信息不通畅而可能导致的一个市场同时按照不同的价格进行交易的情况。

符合以上四个假定条件的市场就是完全竞争市场。经济学家指出，完全竞争市场是一个非个性化的市场。因为，市场中的每一个买者和卖者都是市场价格的被动接受者，而且，他们中的任何一个成员都既不会，也没有必要去改变市场价格；每个厂商生产的产品都是完全相同的，毫无自身的特点；所有的资源都可以完全自由地流动，不存在同种资源之间的报酬差距；市场上的信息是完全的，任何一个交易者都不具备信息优势。因此，完全竞争市场中不存在交易者的个性，所有的消费者都是相同的，都是无足轻重的，相互之间意识不到竞争。因此我们说在现实生活中不存在完全竞争市场中的那种真正意义上的竞争。

由此看出，理论分析所假设的完全竞争市场的条件是非常苛刻的。在现实中，没有一个市场符合上述条件。通常只是将一些农产品市场，如大米市场、小麦市场等，看成是比较接近完全竞争市场的。但这并不意味着这种假定下的分析没有意义。过去的经验证明这一模型在分析和预测经济活动是有效的。同时，它也是建立其他更贴近现实的复杂模型的基础，也是对经济现实进行评价的标尺。

二、完全竞争条件下的厂商面临的需求和收益

因为在完全竞争市场上单个厂商是价格的接受者，他不能改变价格，需求曲线即价格线是水平线，而且，在完全竞争条件下，个别厂商产量的变动不能影响市场价格，所以他每增加销售一单位产品的总收益增量（MR）仍与平均每单位产品得到的收益（AR）是相等的。所以厂商所面临的需求曲线又是平均收益线和边际收益线。即 $P=AR=MR=d$。如图 5.1 所示。

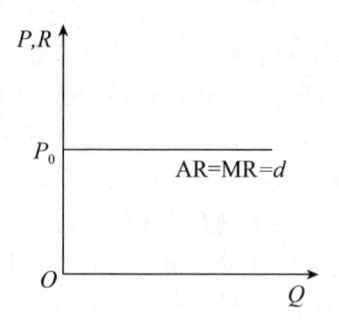

图 5.1 单个完全竞争厂商所面临的需求曲线和收益曲线

价格 P_0 是由整个行业的需求和供给决定的。对一个厂商而言，价格是既定的，在既定价格下，市场的需求是无限的，也就是说，一个厂商生产多少卖多少，需求有无限弹性，所以需求曲线是与横轴平行的一条直线。需求曲线代表的是价格水平，但这里所说的需求曲线是指单个企业的需求曲线，而不是整个行业的需求曲线。

厂商的总收益曲线是一条由原点出发的斜率不变的直线，厂商是价格的接受者，因此，其总收益为商品价格和销售量的乘积。

完全竞争厂商的平均收益、边际收益曲线和需求曲线 d 三线重叠，且等于既定的市场价格 P，由于面临水平的需求曲线，厂商的边际收益 MR 和平均收益 AR 均等于市场价格，即 $AR=MR=P$。MR 和 AR 计算公式表示如下。

$$\text{MR}=\frac{\Delta \text{TR}}{\Delta Q}=\frac{P\times\Delta Q}{\Delta Q}=P \tag{5.5}$$

$$\text{AR}=\frac{P\times Q}{Q}=P \tag{5.6}$$

三、完全竞争条件下的厂商均衡

厂商的生产可以分为短期生产和长期生产，其实现厂商的均衡条件也是不同的。在短期内，行业中没有厂商的进入或退出，行业内厂商可以改变产量，但是不能改变生产规模。厂商通过调整可变投入来调整产量，以达到利润最大化。在长期内，行业中厂商可自由进入或退出，行业内厂商可以改变生产规模和产量，以达到利润最大化。此时，行业的供给规模、厂商数量，以及厂商的生产规模都是可变的。

（一）完全竞争条件下的厂商短期均衡

在短期，完全竞争市场上产品价格和生产规模都是确定的，厂商不能根据市场需求来调整全部生产要素，不能通过对产量的调整来实现 MR＝SMC 的利润最大化的均衡条件，由于在完全竞争市场中，$P＝MR＝AR$，所以完全竞争市场厂商短期均衡条件是 MR＝SMC，且 $P＝MR＝AR$。由于短期内厂商不能改变生产规模，因此，从整个行业来看，就有可能出现供给小于需求（盈利）或供给大于需求（亏损）的情况。边际收益曲线与平均收益曲线相交于平均收益曲线的最低点 E，此点的产量为最大利润产量或最小亏损产量。

第一种情况：供给小于需求，即价格水平高（$P>SAC$），此时存在超额利润。由于供不应求，所以价格线一定在短期平均成本曲线的最低点的上方。按照利润最大化的原则：MR＝MC，此时总收益 $TR＝P_0·Q_0＝P_0OQ_0E$，总成本 $TC＝P_1·Q_0＝P_1OQ_0F$，超额利润＝TR-TC＝$P_0P_1FE>0$ 或 $P>SAC$。如图 5.2（a）所示。

第二种情况：供给等于需求，即价格等于平均成本（$P＝SAC$），此时存在正常利润，超额利润为零，此点叫收支相抵点。由于供求平衡，所以价格线一定与平均成本曲线的最低点相切。按照利润最大化的原则：MR＝MC，总收益 $TR＝P_0·Q_0＝P_0OQ_0E$，总成本 $TC＝P_0·Q_0＝P_0OQ_0E$，超额利润＝TR-TC＝O 或 $P＝SAC$。如图 5.2（b）所示。

第三种情况：供给大于需求，即价格水平低（$P<SAC$），此时存在亏损，超额利润为负。由于供过于求，所以价格线一定在平均成本曲线的最低点的下方。按照利润最大化的原则：MR＝MC，总收益 $TR＝P_0·Q_0＝P_0OQ_0E$，总成本 $TC＝P_1·Q_0＝P_1OQ_0F$，超额利润＝TR-TC＝$-P_0P_1FE<0$ 或 $P<SAC$。如图 5.2（c）所示。

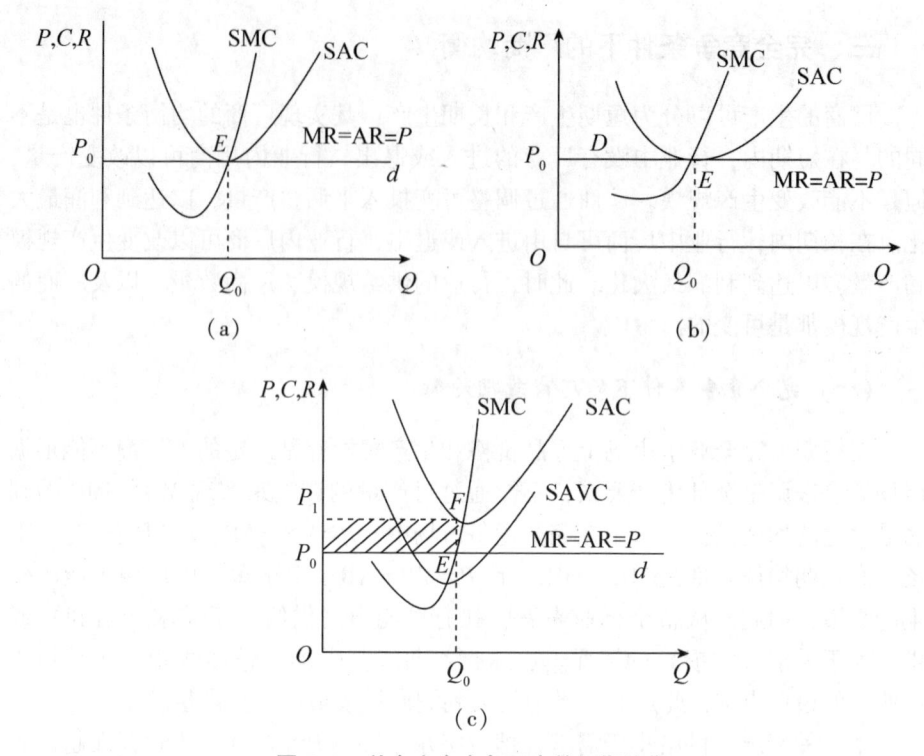

图 5.2 单个完全竞争厂商的短期均衡

不管是哪种情况，厂商的目标是实现利润最大化，实现利润最大化的条件是 MR=MC，因此在完全竞争市场中，短期均衡条件是 MR=SMC，同时，MR=AR=P。达到短期均衡时，厂商可能盈利、亏损和不赔不赚。

(二) 完全竞争厂商的长期均衡

在短期内，完全竞争厂商虽然可以实现均衡，但由于不能调整生产规模，厂商在短期均衡时可能会有亏损，如上述分析的那样。但在长期中，所有的生产要素的数量都是可变的，厂商就可以通过调整自身的规模或改变行业中厂商的数量来消除亏损，或瓜分超额利润，最终使超额利润为零，实现新的均衡，即长期均衡。具体过程如下（如图5.3所示）。如果供给小于需求，价格水平高，即存在超额利润时，各厂商会扩大生产规模或行业中有新厂商加入，从而使整个行业供给增加，市场价格下降，单个厂商的需求曲线下移，使超额利润减少，直到超额利润消失为止。如果供给大于需求，价格水平低，即存在亏损时，则厂商可能减少生产规模或行业中有一些厂商退出，从而使整个行业供给减少，市场价格上升，单个厂商的需求曲线上移，直至亏损消失为止。如果供给等于需求，这时，整个行业的供求均衡，各个厂商的产量也不再调整，于是就实现了长期均衡。长期均衡的条件是 $P = MR = LAR = LMC = LAC$。也可写成 $MR = AR = LMC = LAC = SMC = SAC$。

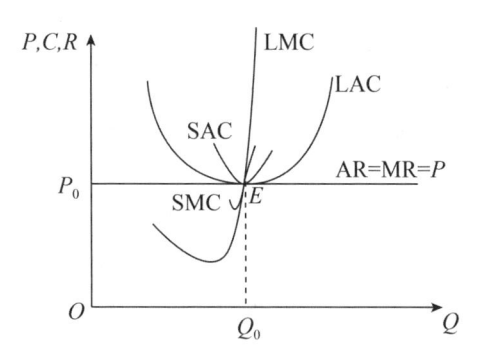

图 5.3 完全竞争厂商的长期均衡

完全竞争市场长期均衡状态的特点：第一，在行业达到长期均衡时生存下来的厂商都具有最高的经济效率、最低的成本；第二，在行业达到长期均衡时生存下来的厂商只能获得正常利润，如果有超额利润，新的厂商就会被吸引进来，造成整个市场的供给量扩大，使市场价格下降到各个厂商只能获得正常利润为止；第三，在行业达到长期均衡时，各个厂商提供的产量，不仅必然是其短期平均成本曲线之最低点的产量，而且必然是其长期平均成本曲线之最低点的产量。

第三节 完全垄断市场中的厂商均衡

一、完全垄断的条件及成因

（一）完全垄断的含义和条件

完全垄断是指，没有替代品的某种产品由唯一的厂商生产。也就是整个行业的市场完全被一家厂商所控制的状态。张伯仑指出："垄断的本质是对市场的控制。"完全垄断市场的条件：第一，行业中只有一个厂商，即厂商＝行业；第二，不存在可替代的商品；第三，新厂商不能进入该行业；第四，厂商可以根据获取利润的需要，实行差别价格。垄断厂商的市场支配力并不表示垄断厂商可以索要它想要的任意价格。垄断仍然受到市场需求的约束。

(二) 完全垄断的成因

第一，规模经济。是指那些生产的规模效益需要在巨大产量条件下才能呈现或具有明显的规模报酬递增特征的行业。如天然气、交通、通信等。

第二，对投入的控制。独家厂商控制了生产某种产品的全部资源或关键资源的供给。

第三，专利保护。独家厂商拥有生产某种产品的专利权。

第四，政府的特许垄断经营。政府给予特许权，如对铁路运输、供水、供电等部门，政府往往授予某个厂商垄断经营。

完全垄断可能是政府特许的私人垄断（例如，对某些市场狭小的行业的垄断，由于拥有某种技术专利或特殊的自然资源而形成的对某种技术专利或特殊的自然资源而形成的对某种产品的垄断等），也可能是政府的垄断。无论是哪种形式的垄断都是一家厂商控制了该行业的全部供给。比较接近完全垄断的行业是公用事业。完全垄断行业：自来水、电力、管道煤气、电信、邮政、铁路等公用事业。

二、完全垄断条件下的厂商面临的需求曲线和收益曲线

在完全垄断市场上，由于市场中只有一家厂商，对垄断者生产的产品的需求，就是对整个市场产品的需求，所以，垄断者所面临的需求曲线就是整个市场的需求曲线。完全垄断的厂商是市场价格的决定者，它可以通过改变销量来决定价格，因此，完全垄断厂商面临的需求曲线是一条向右下方倾斜的需求曲线，它表明完全垄断厂商要想增加销量，就必须降低售价，厂商只能在高价少销或低价多销间进行选择。

完全垄断厂商要增加一单位销量，必定会降低价格，因此每增加一单位销量，MR 会递减，$MR < AR = P$。

厂商的平均收益总是等于商品的价格，所以 AR 先与 d 线重合。如图 5.4 所示。那么需求曲线和边际收益曲线及其平均收益曲线的具体位置如何，可以用表 5.2 说明。

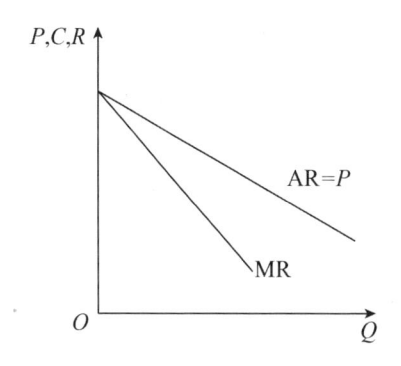

图 5.4 完全垄断厂商所面临的需求曲线和收益曲线

表 5.2 中是某完全垄断厂商生产的某产品在不同价格水平下的销售量、总收益、平均收益和边际收益的数据。

表 5.2 某完全垄断厂商生产的某商品的收益和价格

销售量 Q	价格 P	总收益 TR	平均收益 AR	边际收益 MR
0	—	0	0	—
1	6	6	6	—
2	5	10	5	4
3	4	12	4	2
4	3	12	3	0
5	2	10	2	−2
6	1	6	1	−4

当销量是 1 单位时，总收益 TR = PQ = 6×1 = 6；当销量是 2 单位时，总收益 TR = PQ = 5×2 = 10；当销量是 3 单位时，总收益 TR = PQ = 4×3 = 12；当销量是 4 单位时，总收益 TR = PQ = 3×4 = 12；当销量是 5 单位时，总收益 TR = PQ = 2×5 = 10；当销量是 6 单位时，总收益 TR = PQ = 1×6 = 6。

当销量是 1 单位时，$MR = \dfrac{\Delta TR}{\Delta Q} = \dfrac{6-0}{1} = 6$；

当销量是 2 单位时，$MR = \dfrac{\Delta TR}{\Delta Q} = \dfrac{10-6}{1} = 4$；

当销量是 3 单位时，$MR = \dfrac{\Delta TR}{\Delta Q} = \dfrac{12-10}{1} = 2$；

当销量是 4 单位时，$MR = \frac{\Delta TR}{\Delta Q} = \frac{12-12}{1} = 0$；

当销量是 5 单位时，$MR = \frac{\Delta TR}{\Delta Q} = \frac{10-12}{1} = -2$；

当销量是 6 单位时，$MR = \frac{\Delta TR}{\Delta Q} = \frac{6-10}{1} = -4$；

所以，MR<AR，AR=P=D。

当完全垄断厂商确定了产品价格后，买者所支付的价格也就是厂商出售单位产品所得到的平均收益，因此，厂商的平均收益也是随产品销量的增加而不断减少的，平均收益曲线 AR 与厂商面临的需求曲线 D 重叠。与此同时，厂商从每增加一个单位产品销售中所得到的边际收益 MR 也是递减的，且在每一个销量下，都小于 AR，所以边际收益曲线在平均收益曲线的左下方。

三、完全垄断条件下的厂商短期均衡与长期均衡

（一）厂商短期均衡

在完全垄断市场上，厂商可以通过对产量和价格的控制来实现利润最大化，但居于完全垄断地位的厂商也并不能为所欲为，要受市场需求状况的限制。在完全垄断市场上，厂商仍然要遵循利润最大化的原则（边际收益等于边际成本）来确定其最佳产量，这种产量决定后，短期中难以完全适应市场需求进行调整。这样，也可能出现供给小于需求（盈利）或供给大于需求（亏损）的情况。需要注意，需求曲线即价格线是向右下方倾斜的，因为在完全垄断市场上厂商是价格的决定者，他可能改变价格；边际收益小于平均收益；边际收益曲线相交于平均收益曲线的最低点 E，此点的产量为最大利润产量或最小亏损产量。

第一种情况：供给小于需求，即价格水平高（价格线在平均成本曲线的上方），此时存在超额利润如图 5.5（a）。根据利润最大化原则 MR=MC 时的价格和产量是最优的，此时的价格和产量分别为 P_1，Q_1。按照利润最大化的原则：MR=MC，此时总收益 $TR = P_1 \cdot Q_1 = P_1 O Q_1 F$，总成本 $TC = H \cdot Q_1 = HOQ_1 G$，超额利润=TR-TC=$P_1 HGF$，即图 5.5（a）中阴影部分。

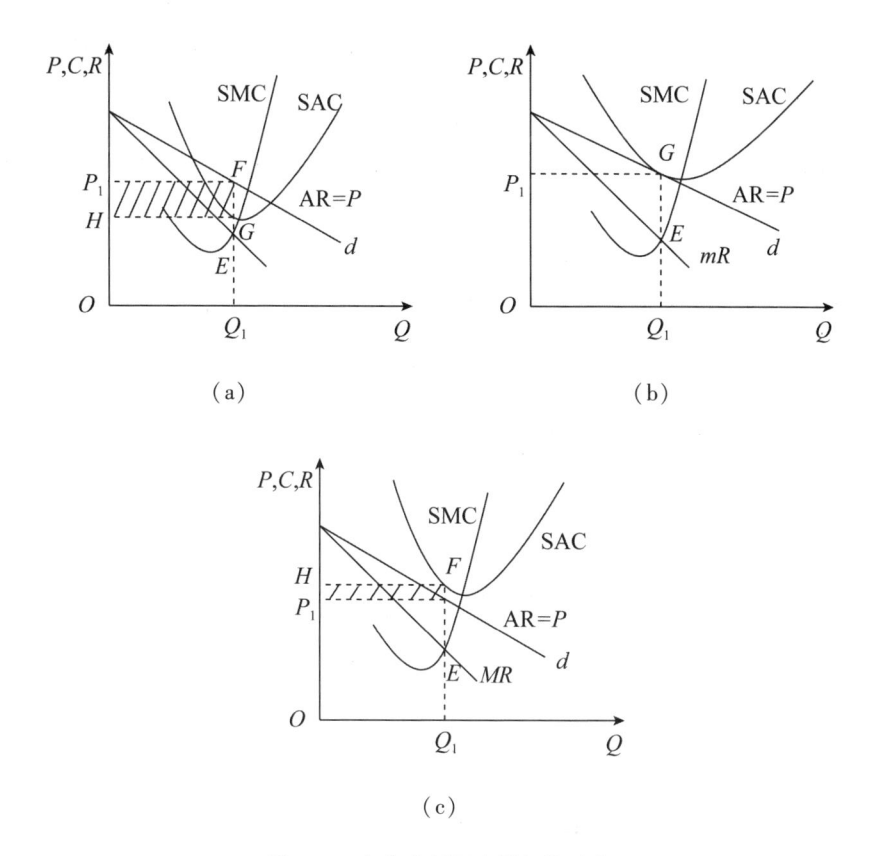

图 5.5 完全垄断厂商的短期均衡

第二种情况：供给等于需求，即价格等于平均成本（价格线与平均成本线相切），图 5.5（b）所示，此时存在正常利润，超额利润为零，此点叫收支相抵点。此时 d 与 SAC 不相切于 SAC 的最低点，因为完全垄断市场中价格不仅受供求的影响。按照利润最大化的原则：MR＝MC，总收益 TR＝P_1·Q_1＝P_1OQ_1G，总成本 TC＝P_1·Q_1＝P_1OQ_1G，超额利润＝TR－TC＝0。

第三种情况：供给大于需求，即价格水平低（P 价格线在平均成本曲线的下方），图 5.5（c）所示。此时存在亏损，超额利润为负。按照利润最大化的原则：MR＝MC，总收益 TR＝P_1·Q_1＝P_1OQ_1G，总成本 TC＝H·Q_1＝HOQ_1F。超额利润＝TR－TC＝－HP_1GF。综上所述，完全垄断市场上，厂商短期均衡的条件是 MR＝SMC。

（二）厂商的长期均衡条件

在短期内，完全垄断厂商虽然可以实现均衡，但由于不能调整生产规模，厂商在短期均衡时可能会有亏损、盈利或不赔不赚，如上述分析的那样。但在长期中，完全垄断厂商可以调整全部生产要素，改变生产规模，从技术、管理等方面取得规模经济，所以厂商总会使自己获得超额利润，加之完全垄断行业在长期内也不可能有其他厂商加入，厂商的超额利润是可以而且应该长期保持的，如果一个完全垄断厂商在长期经营中总收益不能弥补其经济成本，那么，除非政府给予长期补贴，否则它势必会退出此行业。完全垄断行业的长期均衡是以拥有超额利润为特征的。如图5.6所示。图中，垄断厂商的长期边际成本曲线 LMC 与边际收益曲线 MR 相交于 E 点，此时，根据利润最大化原则，厂商实现了长期均衡，均衡产量为 Q_0 均衡价格为 P_0，厂商获得的超额利润为图中阴影部分。长期均衡的条件是 MR＝LMC＝SMC。

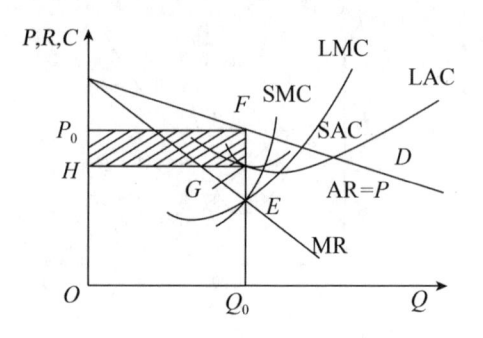

图5.6　完全垄断厂商的长期均衡

四、完全垄断厂商的价格歧视

（一）差别价格（或价格歧视）

差别价格（或价格歧视）是指垄断者在同一时间内对同一成本的产品向不同的购买者收取不同的价格，或是对不同成本的产品向不同的购买者收取相同的价格。

（二）差别价格类型

1. 垄断者的市场分割

垄断者的市场分割是指垄断者把不同类型的购买者分割开来，形成各个子市场，然后把总销量分配到各个子市场出售，根据各子市场的需求价格弹性分别制定不同的销售价格。市场被有效分割必须具备两个条件：第一，垄断者能够把不同市场或市场的各个子市场有效分割开来；使低价格市场上的消费者无法将低价购进的商品在高价市场上出售，否则，价格歧视无法实行，不使两个市场交流；第二，各个子市场或消费团体具有不同的需求价格弹性，这样就能对需求弹性小的商品收取高价，消费者对商品需求弹性越小，垄断者收取的价格越高。

市场分割之后，实现厂商均衡的条件如下。

假定两个独立的市场，其平均收益函数或需求函数分别为 $AR_1(Q_1)$，$AR_2(Q_2)$，边际收益函数分别为 $MR_1(Q_1)$，$MR_2(Q_2)$，Q_1，Q_2 是两个市场的销售量，即 $Q = Q_1 + Q_2$，其边际成本函数为 $MC(Q)$，那么均衡条件表示如下。

$$MC(Q) = MR_1(Q_1) = MR_2(Q_2)。 \tag{5.7}$$

2. 差别价格类型

一级价格歧视（first-degree price discrimination），也称完全价格歧视，是指厂商按每一单位商品消费者愿意支付的最高价格，确定单位商品的价格。此时，消费需求曲线成为垄断厂商的边际收益曲线，所有消费者剩余均被垄断厂商获得。这种价格歧视在现实生活中几乎没有。

二级价格歧视（second-degree price discrimination），是指厂商按照消费者不同的购买量收取不同的价格，购买量越小，厂商索价越高，购买量越大，厂商索价越低。这种定价方式广泛用于公用部门。

三级价格歧视，是指厂商对同一种商品在不同的消费群、不同市场上分别收取不同的价格。垄断厂商将在弹性大的市场上索取较低的价格，而在需求价格弹性小的市场上索取较高的价格。

第四节 垄断竞争市场中的厂商均衡

一、垄断竞争的含义与条件

垄断竞争是指许多厂商生产和销售有差别的同类产品，市场中既有竞争因素又有垄断因素存在的市场结构。它兼有完全竞争和完全垄断这两种市场结构的特点。垄断竞争市场的条件如下。

第一，市场上有很多的生产者和购买者，每一个生产厂商的生产规模都比较小。由于一个生产集团中的厂商数量非常多，每个厂商都认为自己行为的影响很小,不会引起竞争对手的注意和反应,也不受到来自对手的任何报复措施的阻碍。

第二,行业中厂商生产的产品是有差别的,而这些产品彼此之间又存在很好的替代性。产品差别可以是同种产品在质量、构造、外观、销售服务、商标、广告等方面的差别,消费者心理感受上的差异,厂商地理位置差异等。

第三,进入市场的障碍较少,生产厂商和生产要素都可以比较自由地进出市场。

比较垄断竞争市场和完全竞争市场的条件发现,两者的市场结构比较接近,最根本的区别在于产品的差别性。产品差别是造成垄断竞争市场上垄断因素与竞争因素并存的决定性原因。垄断竞争市场类型广泛存在于服装业、食品业、鞋袜业等轻工业。

二、垄断竞争厂商所面临的需求曲线

(一) 垄断竞争厂商所面临的两条需求曲线

垄断竞争市场上的厂商面对的需求曲线既不像完全竞争厂商那样是水平的,也不像完全垄断厂商那样陡峭,而是比较平坦的向右下方倾斜的曲线。垄断竞争市场结构的特点是每一个厂商面临着两条需求曲线,如图 5.7 所示。每个厂商都面对两条需求曲线:一是别的厂商保持价格不变,自己的价格变化后市场对自己产品的需求曲线 (d),即厂商期望的需求曲线 d;二是别的厂商与自己采取相同行动时,市场对自己产品的需求曲线 (D),即厂商实际的需求曲线 D。厂商实际的需求曲线 D 是固定不变的,而厂商期望的需求曲线 d 则随着不同的价格水平发生变化。

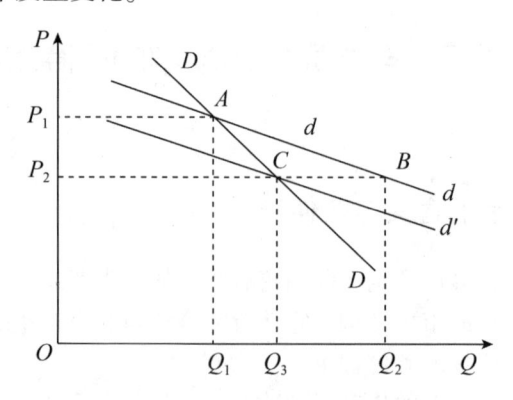

图 5.7 垄断竞争厂商的需求曲线

(二) 需求曲线 d 和需求曲线 D 的一般关系

第一，当垄断竞争生产集团内的所有厂商都以相同方式改变产品价格时，整个市场价格的变化会使得单个垄断竞争厂商的需求曲线 d 的位置沿着需求曲线 D 上下平移。因为当生产集团内所有厂商都以相同方式改变产品价格时，整个市场价格的变化沿着 D 需求曲线。

第二，由于 d 需求曲线表示单个垄断竞争厂商单独改变价格时所预期的产量，D 需求曲线表示每个垄断竞争厂商在每一市场价格水平实际所面临的市场需求量，所以，d 需求曲线和 D 需求曲线相交意味着垄断竞争市场的供求相等状态。

第三，厂商期望的需求曲线 d 比 D 具有更大的价格弹性。因为 d 需求曲线的弹性大于 D 需求曲线，即前者更平坦一些，也就是期望线比实际线平缓。因为如果一个厂商降价后，会有其他厂商也降价，会使自己期望增加的销量有一部分被其他厂商抢走，所以 d 比 D 弹性大。

三、垄断竞争的厂商均衡

(一) 垄断竞争厂商的短期均衡

垄断竞争厂商的短期均衡调整过程，是一个厂商以垄断厂商的行为方式，在其他厂商的反应下不断调整，达到短期利润最大化的过程。最终，当厂商没有调整的动机，即 MR=MC 时，所有垄断竞争厂商处于短期均衡状态。此时，厂商的盈利情况，取决于其平均收益与平均成本、平均可变成本的比较，厂商可能有超额利润、亏损，或只得到正常利润。

垄断竞争厂商是在现有的生产规模下通过对产量和价格的调整来实现 MR=SMC 的均衡条件，达到最大利润后不管是主观需求还是客观需求决定的价格与利润最大时决定的价格是相等的，因此短期均衡时 $d=D$。

垄断竞争厂商短期均衡的条件是 MR=SMC，同时 $d=D$。

(二) 垄断竞争厂商的长期均衡

垄断竞争厂商的长期均衡调整过程中，个别厂商不断以垄断厂商的行为方式，调整规模以达到利润最大化，同时其利润受到可自由进出产品集团厂商的影响，最终在均衡状态下，厂商达到利润最大化：LMC=MR，同时，超额利润为 0，即 AR=LAC。垄断竞争厂商的长期均衡条件是 MR=LMC=SMC，P=LAC=SAC，$d=D$。

四、垄断竞争厂商的竞争策略

垄断竞争厂商可以以低价格吸引更多的消费者,获取更多的利润。还可以通过产出差异化产品的方式增强自己产品的竞争能力。差异化产品可以通过以下几种方式实现。第一,技术创新,提高产品质量、增加新的功能、开发新的更新换代的产品、新设计、新包装等,比如等离子彩电等,这属于客观差异。第二,广告和各种促销活动,如史玉柱的脑白金,这属于主观差异,所谓"造名"。第三,服务竞争,比如完善的售后服务系统。第四,利用产品的经济空间不同实现差异化。第五,利用消费者对产品的主观评价不同实现差异化。

第五节 寡头垄断市场的厂商均衡

一、寡头垄断的含义与条件

寡头垄断是指少数厂商垄断了某一行业的市场,控制了这一行业的供给,其产量在该行业总供给中占有很大比重的市场结构。一般用集中率作为测定寡头垄断程度的标准,集中率是指一定数量厂商(如四个)的销售量(或产量、雇佣人数、资产等)占全行业的比率,集中率越大,垄断程度也就越高。

寡头垄断市场中并不是只有这样几个少数厂商,而是还有其他的厂商,只不过这些厂商对整个行业的生产和销售缺乏影响控制力,所以寡头在整个行业中只是具有一定的垄断力,垄断程度用"集中率"表示。

寡头垄断市场的条件如下。

第一,企业数量少。市场上的企业数量很少,每个企业的市场份额都比较高,因此在市场上都具有影响力。企业行为相互影响:这是寡头垄断市场上的一个关键的特征。在寡头垄断市场上,每个企业在决策时都会考虑自己决策对其他企业的影响,反之亦然,其带来的问题就是企业的行为有时无法预测。分析这种相互影响的行为的有力工具就是博弈论。

第二,产品有差别或者同质。如果产品是同质的,这种寡头市场叫纯寡头垄断市场,比如钢铁、铝、水泥等原材料行业的寡头垄断就属于这种类型;如果产品是有差别的,则叫差别寡头垄断市场,如汽车、大型农机具等市场。

第三，存在明显的进退壁垒，进退壁垒的存在阻止了其他企业的进入，从而使得企业数量不多。

二、卡特尔

（一）卡特尔含义

卡特尔是在寡头垄断市场上企业通过明确的、公开的协议而形成的联合体（联盟），如欧佩克、德贝尔钻石卡特尔。而到目前为止，历史上存在时间最长的卡特尔是1878年至1939年的国际碘卡特尔，当时，所有的销售都通过伦敦的一个中央卡特尔办公室来进行，这就防止了成员之间的欺诈。OPEC（Organization of the Petroleum Exporting Countries，石油输出国组织）是1960年9月由5个主要石油输出国——伊朗（Islamic Republic of Iran）、伊拉克（Republic Of Iraq）、科威特（The State of Kuwait）、沙特（Kingdom of Saudi Arabia）和委内瑞拉（Bolivarian Republic of Venezuela）设立。它的目的就是通过限制每个国家的石油输出数量，达到提高石油价格的目的。但实际上，各成员国因为配额分配、提交幅度等不同，而经常争吵。后来随着俄罗斯石油输出、英国北海石油开采，OPEC对世界石油市场的影响力有所削弱。

（二）类型

1. 价格卡特尔

这是最常见和最基本的卡特尔形式。卡特尔维持某一特定价格，垄断高价，在不景气时用稳定价格或者降价以排挤非卡特尔企业。

2. 数量卡特尔

卡特尔对生产量和销售量进行控制，以降低市场供给，最终使价格上升。

3. 销售条件卡特尔

对销售条件如回扣、支付条件、售后服务等在协定中进行规定的卡特尔。

4. 技术卡特尔

典型形式是专利联营，即成员企业相互提供专利、相互自由使用专利，但不允许非成员企业使用这些专利的卡特尔。

5. 迪加

这是一种特殊的统一销售卡特尔，指成员企业共同出资设立销售公司，实行统一销售，或者卡特尔将所有成员企业的产品都买下，然后统一销售。比如德贝尔钻石卡特尔。

(三) 卡特尔的建立

要在某个市场上形成卡特尔，至少需要以下三个条件。

第一，卡特尔必须具有提高行业价格的能力。只有在预计卡特尔会提高价格并将其维持在高水平的情况下，企业才会有加入的积极性。这种能力的大小，与卡特尔面临的需求价格弹性有关，弹性越小，卡特尔提价的能力越强。

第二，卡特尔成员被政府惩罚的预期较低。只有当成员预期不会被政府抓住并遭到严厉惩罚时，卡特尔才会形成，因为巨额预期罚金将使得卡特尔的预期价值下降。

第三，设定和执行卡特尔协定的组织成本必须较低。可以通过控制减少涉及的厂商数目，提高行业集中度，要求所有的厂商生产几乎完全相同的产品，建立行业协会的方式使组织成本保持在低水平。

(四) 卡特尔的决策

卡特尔在决策时就像一个垄断企业一样，根据整个卡特尔所面临的需求曲线和总成本曲线，使得 MR=MC，确定出最优的总产量和相应的价格，然后在成员企业之间分配这个总产量，同时指令成员企业执行卡特尔制定的价格。而分配产量的原则与多个工厂生产时企业分配产量的原则一样，即使得每个成员企业的边际成本相等。

(五) 卡特尔的不稳定性

主要有两个因素导致卡特尔具有天然的不稳定性。第一，潜在进入者的威胁：一旦卡特尔把价格维持在较高水平，那么就会吸引新企业进入这个市场，而新企业进入后，可以通过降价扩大市场份额，此时卡特尔要想继续维持原来的高价就很不容易了。第二，卡特尔内部成员所具有的欺骗动机：这是一个典型的"囚徒困境"，给定其他企业的生产数量和价格都不变，那么一个成员企业偷偷地增加产量将会获得额外的巨大好处，这会激励成员企业偷偷增加产量，如果每个成员企业都偷偷增加产量，显然市场总供给大量增加，市场价格必然下降，卡特尔限产提价的努力将瓦解。如果卡特尔不能有效解决这个问题，最终将导致卡特尔的解体。事实上，经济学家研究得出，世界上卡特尔的平均存续期间约为 6.6 年，最短的两年就瓦解了。

此外，随着各国政府反垄断法的实施，卡特尔也可能因为违反了政府法律而被迫解体，也正因为如此，许多卡特尔都是国际性卡特尔，以规避国内的反垄断法。

三、价格领袖制

在一些工业和经济发达的国家，公开的有形的价格协议是非法的，寡头垄断厂商便采用无形的价格协议方式，其中最常见的是价格领袖制，即由行业中的一个厂商率先确定或调整价格，其他厂商随之行动，以此来协调寡头厂商的行为，这个厂商就是价格领袖。

价格领袖模式有三种模式。一是支配型价格领袖，一般由一个占支配地位的大厂商和一群中小厂商而组成。由支配厂商确定一个市场价格，既要使自己的利润最大化，又要使其他厂商能销售他们所希望销售的全部产量。其他厂商由于没有市场支配力量，便会像完全竞争厂商那样行动，以既定的价格（由支配厂商确定的价格）作为他们的一条水平需求曲线，然后按边际成本等于价格（价格与边际收益相等）来确定自己的均衡产量。这些中小厂商这样做，可以得到合理的利润，避免独自定价可能遭到的风险。二是晴雨表型价格领袖，该模式中的厂商不一定是行业中规模最大或效率最高的，但它一般能准确而及时地掌握市场信息，对整个产业成本及需求的改变能作出准确判断，因而其定价行为能为其他厂商所效仿。三是成本最低型价格领先，是指由成本最低的寡头按照利润最大化的原则确定其产销量和销售价格，其他寡头随之按同一价格销售各自的产品。

在价格领袖制下，各厂商的生产销售活动较为自由，因此，比较容易被厂商接受。这种方式在钢铁、农业用具等行业中较为常见。

第六章 要素理论

这一章讨论的是要素价格的决定问题，因为要素的价格和使用量是决定消费者收入水平的重要因素，所以要素价格理论在西方经济学中又被看成是所谓的"分配理论"。在第一章讲过，微观经济学的研究对象是"生产什么，生产多少""怎样生产"和"为谁生产"这样三个问题。前面几章解决的是"生产什么，生产多少""怎样生产"这两个问题，这一章要解决的是"为谁生产"这个问题，也就是生产出来的产品如何在社会各阶级中分配的问题。西方经济学家认为，社会各界作为生产要素的所有者，以他们在生产中所提供的要素作出的贡献，以及贡献的大小而获得收入。这种收入就是生产要素的价格，所以解决分配问题就是解决生产要素的价格决定问题。

第一节 生产要素价格决定的基本原理

一、生产要素的需求

在生产要素市场上，需求不是来自消费者，而是来自厂商。厂商购买生产要素不是为了自己的直接需要，而是为了生产和出售产品以获得收益。例如，购买一台机器并不能直接提高某个人的效用，而只能增加生产的能力。因此，从这个意义上来说，对生产要素的需求不是直接需求，而是"间接需求"。

厂商通过购买生产要素进行生产并从中获得收益，其部分因素要取决于消费者对其所生产的产品的需求。如果不存在消费者对产品的需求，则厂商就无法从生产和销售中获得收益，从而也不会去购买生产资料并生产产品。例如，如果没有人去购买小汽车，就不会有厂商对汽车工人的需求；对医生护士的需求，则受到对保健服务的需求的影响。由此可见，厂商对生产要素的需求是从消费者对产品的直接需求中派生出来的。从这个意义上说，西方经济学者认为，厂商对生产要素的需求是一种"派生需求"，或者说是"引致需求"。派生需求是指消费者对产品的需求而引起的对生产这种产品的生产要素的需求。例如，消费者购买面包，这是直接需求；消费者对面包的直接需求引致面包厂商购买生产要素（例如面粉和劳动等）去生产面包。面包厂商对面粉和劳动等的需求就是派生或引致需求。

对生产要素的需求还有个特点，就是所谓的"共同性"，即对生产要素的需求是共同的、相互依赖的需求。这个特点是由于技术上的原因导致的，即生产要素往往不是单独发生作用的。一个人赤手空拳不能生产任何东西；同样地，光有机器本身也无法创造产品。只有人与机器，以及原材料等结合起来才能达到目的。对生产要素需求的这种共同性特点带来一个重要后果，即对某种生产要素的需求，不仅取决于该生产要素的价格，而且也取决于其他生产要素的价格。因此，严格来说，生产要素理论应当是关于多种生产要素共同使用的理论。但是，同时处理多种要素将使分析过于复杂。为了简单起见，一般性的西方经济学教材往往集中于分析一种生产要素的情况。本教材也沿用这种方法。

二、生产要素的供给

（一）要素的供给者：消费者和生产者

我们知道，在西方经济学中的要素需求中，要素使用者是单一的，即生产者或厂商，因而其行为目标也是单一的，即追求利润的最大化。转到供给方面之后，问题稍稍复杂一些，要素所有者可以是生产者也可以是消费者。生产者生产许多将要再次投入生产过程的"中间产品"或"中间生产要素"（如钢材，车床等），因而是中间要素的所有者；消费者则向市场提供"原始生产要素"（如劳动、土地和资本等），因而也是原始要素的所有者。

（二）要素供给的原则

由于要素所有者的身份不同，因而它们的行为目的也不相同。按照西方学者的假定，生产者供给要素（中间产品）的原则：利润最大化。消费者供给要素的原则是效用最大化。

由于消费者拥有的资源（劳动力（时间）、土地等）既定，其要素供给就是在一定要素价格水平上，将全部既定资源在供给与自用之间作分配以求总效用最大。

(三) 要素供给的条件

由于资源是既定的，消费者只能将其拥有的全部既定资源中的一部分（当然，这部分可以小到0，也可能大到等于其资源总量）作为生产要素来提供给市场。全部资源中除去供给市场的生产要素外，剩下的部分可称为"保留自用"（或简称为"自用"）的资源。因此，要素供给问题可以看成是消费者在一定的要素价格水平下，将其全部既定资源在"要素供给"和"保留自用"两种用途上进行分配以获得最大效用。所以消费者要素供给的条件是供给的边际效用与自用的边际效用相等。厂商供给中间要素的原则是厂商利润最大化的原则，即边际收益等于边际成本。

第二节 生产要素价格的决定

一、劳动的价格决定——工资

在完全竞争条件下，劳动力价格——工资由劳动力市场的供求决定。对劳动的需求取决于劳动的边际生产力，而劳动的供给是由养活、训练和维持有效劳动的成本所决定的。当劳动的需求和供给达到一致时，就决定了工资水平。可以用图6.1说明这一点。

在图6.1中，横轴 OL 代表劳动量，纵轴 OW 代表工资水平，劳动的需求曲线与劳动的供给曲线相交于 E 时就决定了工资水平是 W_E，在这种工资水平下所雇用的工人数量为 L_E。

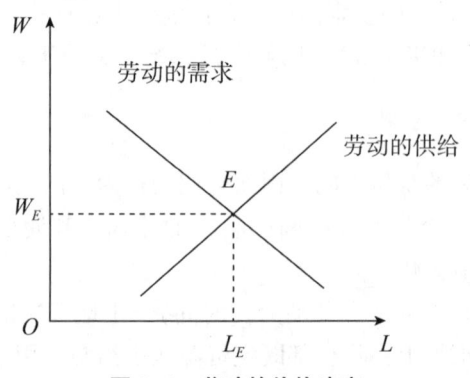

图6.1 劳动的价格决定

需要注意的是，单个劳动的供给曲线是一条向上倾斜的曲线，即随着工资的增加，劳动的供给会增加；但工资增加到一定程度后如果再增加，劳动供给量不仅不会增加，反而还会减少。但是对于市场劳动供给曲线来说，仍然符合供给定理。因为当工资水平较高时，收入很高的劳动者减少了劳动供给量，同时高工资吸引更多的新就业者，则随着工资的增加，整个市场上劳动的供给量仍是不断增加的。

西方经济学家认为，在存在着工会的条件下，工会作为劳动供给的垄断者，控制着劳动的供给。这样，劳动市场就是种不完全竞争的市场，工会可以用种种方法来影响工资的决定。这些方法主要如下。

第一，工会通过限制非会员受雇、限制移民、限制童工、缩短工时、实行强制退休等方法来减少劳动的供给，如图6.2（a）所示，这时S_2与劳动的需求曲线D相交于E_1，决定了工资水平为ON_0，受雇工人量为OM_2。当工会采取了减少劳动供给的措施后，劳动的供给减少，劳动的供给曲线向左上方移动，成为S_1，这时S_1与D相交于E_0，决定了工资水平为ON_1，受雇工人为OM_1，$ON_1>ON_0$，说明工资水平提高了。

第二，工会通过提倡保护关税、扩大出口等办法扩大产品的销路，从而提高对劳动的需求，也可以提高工资。如图6.2（b）所示，D_1为原来的劳动需求曲线，这时D_1与劳动供给曲线S相交于E_0，决定了工资水平为ON_0，受雇工人量为OM_0。当工会采取了增加劳动需求的措施后，对劳动的需求增加，劳动的需求曲线向右上方移动，成为D_2，这时D_2与S相交于E_1，决定了工资水平为ON_1，受雇工人为OM_1，$ON_1>ON_0$，说明工资水平提高了，而且受雇工人也由OM_0增交到OM_1。

第三，工会迫使政府通过立法规定最低工资，这样也可以使工资维持在较高的水平上。可用图6.2（c）所示，当没有最低工资立法时，劳动的工资水平由供求力量决定，D与S相交于E_0，决定了工资水平为ON_0，但通过最低工资立法时工资水平维持在ON_1，$ON_1>ON_0$，这时，受雇工人则要由OM_0减少到OM_1。

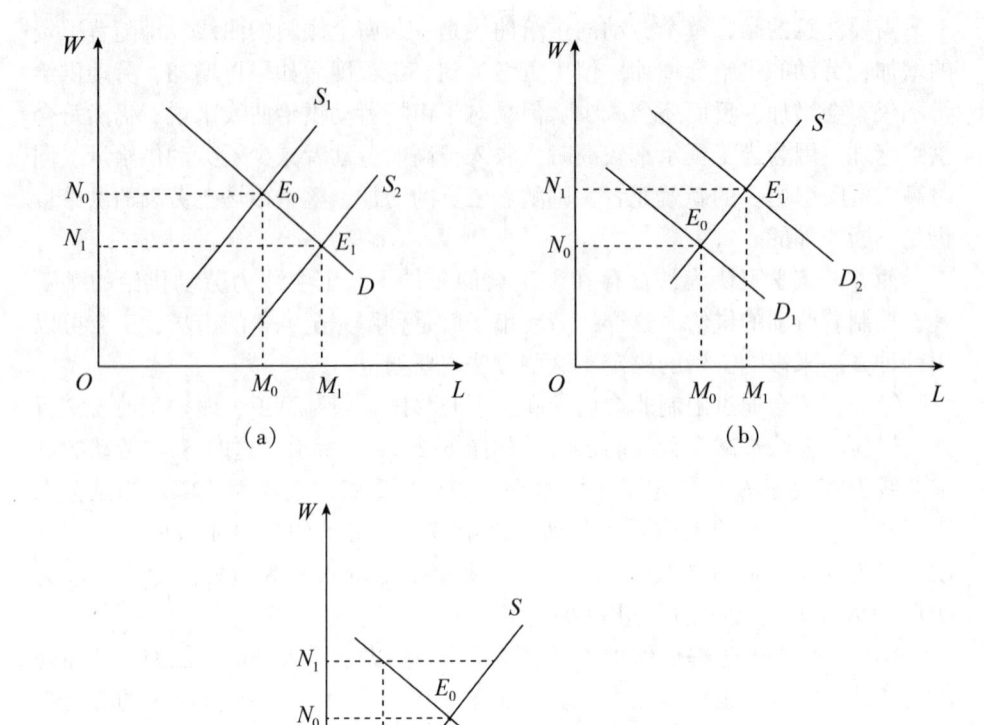

图 6.2　工会对劳动的价格的影响

当然，工会对工资的影响也是有限度的，一般来说取决于工会本身的力量大小、工会与资本家双方力量对比、整个社会的经济状况，以及政府干预的程度等。

二、资本的价格决定——利息

在西方经济学中，利息被认为是资本的价格，对资本提供者来说它是一种收入，对资本使用者来说它则是一种成本。资本的价格一般用年利息率来表示，利息率取决于对资本的需求与资本的供给。

（一）资本的供给及其曲线

资本的供给就是整个社会在各个不同的利率水平下愿意提供的资本数量。资本的供给依存于人们愿意提供的资本，即取决于人们在既定收入下的消费-储蓄决策。储蓄就是指人们放弃的当前消费。人们一般都偏好当前消费甚于未来消费，要使人们愿意放弃当前消费，必须对他们放弃的当前消费给予补偿，使他们在未来的消费数量大于现在的消费数量。利息率就是对他们放弃当前消费的补偿。如果现在和将来的时间差距为一年，那么 $\frac{将来消费}{现在消费} = 1+r$，其中 r 为利息率，利息率即是为了诱使人们进行储蓄以提供可贷资金的一种报酬。利息率越高，人们愿意放弃的当前消费的意愿就越强，因此资本的供给即储蓄就是利息率的增函数。

资本的供给除了取决于人们在既定收入下的消费-储蓄决策外，还与人们对货币的流动性偏好有关。所谓对货币的流动性偏好，是指人们总希望把个人财富以货币形式持有。这是由于：在任何时候，人们手头必须持有某一数额的现金，以便应付日常生活发生的交易，以及应付意外事件的发生。如果人们放弃货币流动性所得到的预期收益足以补偿甚至大于放弃货币流动性偏好所带来的各种不方便的损失，货币会转化为储蓄。从这个角度来说，可贷资金的供给也是利息率的增函数。

总之，一般来说，利息率越高，人们的储蓄越多，从而资本的供给量越多，则资本的供给与利息率同方向变化。因此，资本的长期供给曲线是一条随着利息率的上升而向右上方倾斜的曲线，如图6.3所示。在图中，纵轴 Or 表示利息率，横轴 Ok 表示资本的数量，S_k 曲线就是向右上方倾斜的资本供给曲线。

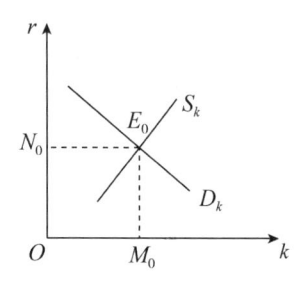

图6.3 资本价格的决定

(二) 资本的需求及其曲线

对可贷资金的需求由两部分组成。从消费者的角度来说，有些家庭想要消费的比他们当前的收入要多，这或者是因为他们预期将来的收入将增加，或者因为他们要做一项大的购买（例如住房和汽车），而这种购买超过了他们当前的支付能力。这样，他们必须申请贷款，并愿意为获得这笔贷款而支付利息，因为他们把未来的消费提前到当前消费。当然，利息率越高，把未来消费变成当前消费的成本也就越高，从而他们借钱消费的意愿就会越低。因此，家庭对可贷资金的需求是利息率的减函数。

对可贷资金需求的第二个部分来自厂商或企业。厂商借钱是为了进行资本投资，以期在将来获得回报。借钱必须支付利息成本，如果回报率高于利息率，则厂商愿意借款。由于资本的边际生产率递减，即资本的回报率随着资本投资的增加而减少，因此，只有当利息率越来越低时，厂商对可贷资金的需求才会不断增加，因此，利息率是厂商进行资本投资的减函数。

由此可见，无论是用于消费还是用于投资，对可贷资金的需求是利息率的减函数。如图 6.3 所示，D_k 为资本需求曲线，它向右下方倾斜。

(三) 利息率的决定

像任何一种商品和要素一样，资本的价格即利息率也是由货币资本的需求和供给两个方面共同作用所决定的。在图 6.3 中，资本的供给曲线 S_k 和需求曲线 D_k 相交，确定的均衡利率为 N_0，均衡借贷资本量为 M_0。如果市场利率偏离了这个均衡利率，资本的需求和供给就会作出相反方向的调整，使之回到均衡位置上来。

必须指出，关于均衡利息率的讨论仅仅适应于理想资本借贷市场的情形，在这种理想的资本市场上，资本借贷没有任何风险，也没有任何人为的干扰因素，因而利息率的水平完全由资本市场上的需求和供给决定。然而，有些学者认为，实际的资本借贷市场的利息率的影响因素比均衡利息率的影响因素复杂得多，两者并不完全一致。

三、土地的价格决定——地租

(一) 土地的供给

经济学上的土地，泛指一切自然资源，其特点被描述为"原始的和不可毁灭的"。说它是原始的，因为它不能被生产出来；说它是不可毁灭的，因为它在数量上不会减少。土地数量既不能增加，也不能减少，因而是固定不变的。或者也可以说，土地的"自然供给"是固定不变的，它不会随着土地价格的变化而变化。当然，说土地供给固定不变是相对的，通过改造沙漠、填海可以创造"土地"，但在目前经济条件下成本太高。另一方面，如果人们采用一种会破坏土壤肥力的方式耕种，则土地也有"毁灭"的可能。不过，为了简单起见，这里不考察土地数量的这些变化，而假定它既定不变，因此土地的供给被认为没有弹性，土地供给曲线是一条固定的垂直线（垂直于土地数量轴），如图6.4所示，S为固定不变的土地供给曲线。

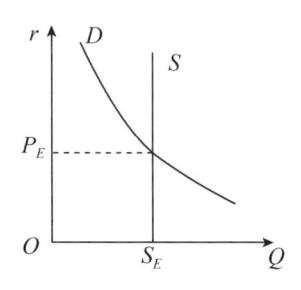

图6.4 土地价格的决定

（二）地租的决定

由于土地供给没有弹性，所以需求成为决定地租的唯一因素。一定数量的土地的使用代价取决于其边际生产力，或者说土地需求者所支付的竞争价格。如图6.4所示，横轴OQ表示土地数量，纵轴Or表示地租水平。S为土地供给曲线。因为没有弹性，所以垂直于OQ轴。D为土地的需求曲线。因为土地的边际生产力递减，所以土地的需求曲线向右下方倾斜。S与D相交于E点，OP_E则表示均衡的地租水平。这意味着在使用固定不变的OS_E土地量时，地租就由OS_E土地的边际生产力决定。

随着经济的发展，人口的增加，以致农产品的价格上升，土地的边际收益增加，对土地的需求水平不断提高，引起土地需求曲线的位置不断上移，因而，地租有上升的趋势。

四、企业家才能的价格决定——利润

我们在生产理论中已经从企业生产的角度分析了利润，这里再从分配的角度分析利润。所谓利润是指企业家才能这一要素提供服务的报酬。在社会大生产之前，由于企业主同时又是企业家，利息与利润难以区分，所以利润并不是经济学研究的重要课题。随着大规模生产的出现，需要专门的经营管理人才，许多企业的所有权与经营权逐渐分开，所有权归企业主，经营权归企业家。企业主的收入为利息，企业家的收入为利润。

与其他生产要素相比，利润具有以下几个特点。

第一，企业家才能无所谓"边际"和边际生产力，因此，利润无法像其他生产要素收入那样由边际生产力决定。

第二，利润是一种可以变动的余额，不像其他生产要素的收入可以事先确定。

第三，利润可大可小，可正可负，不像其他生产要素收入只能是正值。

第三节 分配均等程度的度量

一、洛伦茨曲线

洛伦茨曲线是用来反映社会收入分配（财产分配）平均程度的线。洛伦茨把社会各个居民依其收入的多少分成若干等级，在横坐标和纵坐标上标明每个等级的人口所占总人口的百分比和每个等级人口的收入占社会总收入的百分比，连接各个等级的这两个百分比率的坐标点所形成的一条曲线，就叫洛伦茨曲线。

例如，我们如果把全社会人口按家庭收入分为五个等级，每个等级的人口和收入占总人口和收入的比重如表6.1所示。

表6.1 全社会收入、人口等级划分

人口等级A	各级人口占总人口%B	各级累计人口占总人口%C	各级收入占总收入%D	各级累计收入占总收入%E	各级累计收入绝对平均F	各级累计收入绝对不平均G
最低级	20	20	6	6	20	0
第二级	20	40	12	18	40	0
第三级	20	60	17	35	60	0
第四级	20	80	24	59	80	0
第五级	20	100	41	100	100	100

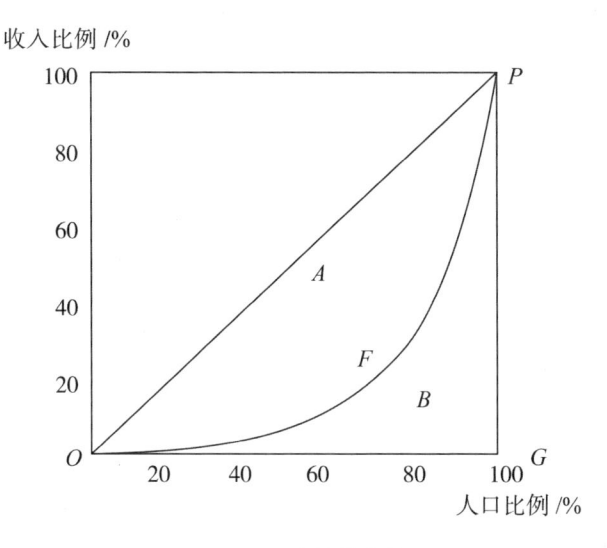

表 6.1 中数字用洛伦茨曲线表示如图 6.5 所示。

图 6.5 洛伦茨曲线

如图 6.5 所示，横轴代表各级人口占总人口的百分比，纵轴表示各级人口收入占总收入的百分比。OP 为对角线，在线上的任何一点都表示各级人口占总人口的百分比与各级人口的收入占总收入的百分比都相等，即表中 F 栏的收入分配情况，是绝对平均的。OGP 曲线表示除了最后一户家庭的收入占总收入 100%外，其余所有家庭收入都为 0，即为表中 G 栏的收入分配情况，是绝对不平均的。而 OFP 则处于绝对平均曲线 OY 与绝对不平均曲线 OGP 之间，即表中 D、E 栏的收入分配状况。西方经济学家认为，各国社会收入分配的状况都处于这两种极端之间的洛伦茨曲线上。洛伦茨曲线愈接近于 OP 线，表明社会收入分配愈平均，愈接近于 OGP 曲线，表明社会收入分配愈不平均。而这种平均程度的大小，可以用基尼系数来表示。

二、基尼系数

根据洛伦茨曲线可以计算出反映收入平等程度的指标，这一指标被称为基尼系数。如果把图 6.5 中的实际收入线 OFP 与绝对平均线 OP 之间的面积用 A 来表示，把实际收入线 OFP 与绝对不平均线 OGP 之间的面积用 B 来表示，则计算基尼系数的公式表示如下：

$$\text{基尼系数} = \frac{A}{A+B} \tag{6.1}$$

当 $A=0$ 时，基尼系数等于 0，这是收入绝对平均；当 $B=0$ 时，基尼系数等于 1，这是收入绝对不平均。实际的基尼系数总是大于 0 而小于 1。基尼系数越小，收入分配越平均；基尼系数越大，收入分配越不平均。

三、洛伦茨曲线与基尼系数的运用

运用洛伦茨曲线与基尼系数可以对各国收入分配的平均程度进行对比，也可以对各国政策的收入效应进行比较。作为一种分析工具，洛伦茨曲线与基尼系数是很有用的。

假定 a，b，c 分别为 A，B，C 三个国家的洛伦茨曲线，a 更靠近绝对平均线，A 国收入分配最平均，c 更靠近绝对不平均线，C 国收入分配最不平均，b 位于 a 和 c 之间，故 B 国收入分配平均程度居于两国之间。如果我们把 a，b 这两条曲线作为同一个国家实施政策前后的洛伦茨曲线，那就可以看出，在实施该项政策后，收入分配变得更不平均了。

同样，我们还可以根据洛伦茨曲线计算出来的基尼系数来进行比较。

第七章 国民收入核算与决定

第一节 宏观经济学导论

一、宏观经济学与微观经济学的比较

从定义上比较，微观经济学以单个经济单位为研究对象，研究和分析资本主义社会中单个经济单位的经济行为及其相适应的经济变量是如何决定的。宏观经济学把一个社会整体的经济活动作为考察对象，研究和分析国民经济中各个有关变量的决定及其变化。

从研究对象上比较，第一，生产什么，生产多少；第二，怎样生产；第三，为谁生产；第四，一个社会的经济资源是充分利用；第五，一个社会的物价水平是否稳定；第六，一个社会的经济增长是否稳健。其中前三个为微观经济学的研究对象，后三个为宏观经济学的研究对象。

从中心理论上比较，微观经济学由于以价格为中心可以被称为价格理论，宏观经济学由于以国民收入为中心则可以被称为收入理论。

从分析方法比较，微观经济学以个量为研究对象，采用的是个量分析法；宏观经济学以总量为研究对象，采用的是总量分析法。

从宏观经济学与微观经济学的辩证关系来看：第一，从统计学的角度看，总量无非是由个量相加而成的，很多宏观经济学指标可以直接由相应的微观经济指标相加而得；第二，从辩证的角度看，总量并不总是机械地由个量相加所致，譬如"节约悖论"；第三，宏观经济现象的发生必定会有相应的微观经济基础，宏观经济运行的规律性趋势必然有其客观存在的市场原因。

二、宏观经济学的几个重要的基本范畴及方法

存量和流量。宏观经济分析中常用的变量可以分为流量和存量，流量是在一定时期某一变量的加总量，而存量是在某一时点上某一变量的数量。借助统计学的术语，流量为一个时期数，如一国在一年中总的国民收入；而存量为一个时点数，如 2020 年 11 月 25 日，在岸人民币对美元汇率为 6.5778。

事前和事后。事前是指以一时期的开始为参照时点的事前计算；事后是以该时期结束时的时间发展为参照的事后计算。

静态分析、比较静态分析和动态分析。宏观经济学较多地采用了动态经济学、比较静态经济学和静态经济学的分析方法。静态分析的特征就是所有的变量都是同一时期的，即不考虑时间因素。比较静态分析就是研究"曲线移动"的效应，更确切地说，它始于原均衡点，同时引入某些随时间而变的变量，形成新的均衡点。比较静态分析就是"比较"新、旧均衡点的分析方法，即"比较"起点和终点，但不研究过程本身。动态分析与比较静态分析的相似之处是变量为不同时期的，差异在于，后者不考虑实现新均衡的途径、过程，而前者要研究调整的过程。

第二节　国民收入核算

一、国民收入含义

国民收入概念有广义和狭义之分。在不加特别说明时，国民收入往往是广义上的，它是指在一个经济社会中用货币衡量的每年生产的最终产品和劳务的市场价值总量。狭义的国民收入是指一个国家一定时期内用于生产的各种生产要素所得到的全部收入，即工资、租金、利息和利润之和。

二、国民收入核算的核心账户——GDP

（一）GDP 的重要性

GDP 是国民经济运行的最重要的指标，是宏观调控的基础。美国原商业部长认为 GDP 是"世纪性杰作"，这一观点得到原美联储主席和诺贝尔奖得

主萨缪尔森等专家的一致赞同。

(二) 中国国民经济核算演变

我国在20世纪50年代建立计划体系，采用"物质产品平衡表系统（MPS）"（system of material product balances）的方法核算国民收入。此理论建立在"生产性劳动"基础上，其核心指标是国民收入。这种核算方法存在两个缺陷：一是反映五大物质生产部门，即工业、农业、建筑、运输邮电和商业，不包括服务性行业，低估了经济活动规模；二是不区分中间产品和最终产品，存在大量重复统计，高估了经济活动规模。

改革后，服务业迅速发展。1985年开始建立了国家级和省级两级国民生产总值核算制度。1984年和2003年，统计部门对国民收入历史数据进行两次重大补充和调整，与新的国民收入数据衔接起来。2003年开始实行与国际接轨的国民经济核算账户GDP。

(三) 国民收入的主要核算对象

1. 国民生产总值和国内生产总值的涵义

国民收入的主要核算对象有国民生产总值和国内生产总值，我国在与国际接轨后更多地采用国内生产总值的核算方法。

国民生产总值，用GNP代表。国民生产总值是指一定时期内一国国民所生产的全部最终产品和劳务的市场价值总和。

国内生产总值，用GDP代表。国内生产总值是指一定时期内一国境内所生产的全部最终产品和劳务的市场价值总和。

在当今世界上，国内生产总值概念比国民生产总值概念更加普遍地被使用。

2. 国民生产总值和国内生产总值的异同

（1）国民生产总值和国内生产总值的相同之处。国民生产总值和国内生产总值都是指一个国家或一个地区在一定时期内（一般为一年）所生产的全部最终产品和劳务的市场价值的总和。在理解两者的相同之处时需要强调以下几点。

第一，国民生产总值和国内生产总值核算的是"一定时期内（一般为一年）"的数值。实际反映国民生产总值和国内生产总值的计算期问题，说明国民生产总值和国内生产总值是流量，而不是存量。

第二，国民生产总值和国内生产总值核算的是"最终产品"。最终产品是指最后供人们消费使用的产品。与最终产品相对应的还有中间产品，中间产品是指用于再出售或供生产别种产品用的产品。在计算国民生产总值和国内生产总值时必须要区分最终产品和中间产品，核算入国民生产总值和国内生产总值的是最终产品，而不是中间产品，其原因是避免重复计算。咱们可以用一个例子说明这个问题。假定一件上衣从生产到消费者最终使用共要经过 5 个阶段——种棉花、纺纱、织布、制衣、销售，假设棉花价值为 100 元，并假定它都是当年新生产的价值，不再包含为生产棉花所费的肥料、种子、劳动等价值（当然，这事实上不可能，但为了说明问题，需要做这样的假定）；再假定棉花纺成纱售价 120 元，于是纺纱厂生产的价值是 20 元，即增值 20 元；120 元纱织成布售价 180 元，于是织布厂生产的价值是 60 元，即增值 60 元；180 元布制成成衣卖给售衣商为 205 元，于是制衣厂生产的价值是 25 元，即增值 25 元；售衣商卖给消费者为 260 元，于是售衣商在售卖中增值 55 元。现在这件上衣不再出售，由最后使用者即顾客消费了，像这样一种在一定时期内生产的并由其最后使用者购买的产品和劳务就称为最终产品，而棉花、纱、布等则称为中间产品，这件上衣在 5 个阶段中的价值创造即增值共计 100+20+60+25+55＝260 元，正好等于最终产品——这件上衣的最后售价。这个例子说明，一件最终产品在整个生产过程中的价值增值，就等于该最终产品的价值，所以在计算国民生产总值和国内生产总值时计算的是最终产品的市场价值，如果把中间产品核算入国民生产总值和国内生产总值，就会存在大量的重复计算，造成国民生产总值和国内生产总值的数值虚高。

第三，国民生产总值和国内生产总值核算的是"市场价值"。表明核算入国民生产总值和国内生产总值的最终产品必须要经过市场交换。以下两种情况不能计入国民生产总值和国内生产总值：一是自给自足的经济，例如在自己家做家务这一项劳务就不能计入国民生产总值和国内生产总值；二是非公平的、秘密的市场交换的地下经济，如黑市交易中的盗抢自行车的交易。这样核算国民生产总值和国内生产总值，会有漏损。

第四，国民生产总值和国内生产总值核算的是"总和"。总和就是一定时期最终产品总产量乘以价格。

第五，国民生产总值和国内生产总值核算的是"所生产的"。是"所生产的"而不是"所销售的"，不全经过交换的企业存货也计算在内。例如，某一工厂的产品，生产 100 万，当年销售 80 万，则计入国民收入的为 100 万，20 万视为企业自己买下，构成企业非意愿存货，用 Δinv 代表。$\Delta inv = 20$ 万。如果 $\Delta inv > 0$，企业处于积压状态，如果一个企业生产 100 万，销售 120 万，则计入国民收入的为 100 万，$\Delta inv = -20$ 万，如果 $\Delta inv < 0$，表示企业处于脱销状态。"所生产的"还表明把与生产无关的，既不提供物品，也不提供劳务的市

场交换所带来的价值排除在国民收入的计算之外。例如出售股票，债券的收益也就是金融所有权的转让，本质上属于收入转移，不核算入国民生产总值和国内生产总值。

（2）国民生产总值和国内生产总值的不同之处。国内生产总值GDP以领土作为统计指标，强调无论劳动力和其他生产要素是属于本国，还是外国，只要是在本国领土上生产的产品和劳务的市场价值都计入本国的GDP。一个国家的GDP＝本国要素在国内的收入＋外国要素在国内的收入。

国民生产总值GNP以人口为统计标准，无论劳动力和生产要素是待在国内还是国外。只要是本国常住居民所生产的产品和劳务的价值都计入GNP。一个国家的GNP＝本国要素在国内的收入＋本国要素在国外的收入。一个国家的常住居民是指居住本国的本国公民、暂住外国的本国公民和常年居住在本国的外国公民。

GDP−GNP＝外国要素在本国的收入−本国要素在外国的收入。外国要素在本国的收入就是外国人在我国赚的钱。本国要素在外国的收入就是我国人在国外赚的钱。

（四）国内生产总值GDP的计算方法

1. 支出法

支出法指以在一定时期内整个社会购买最终产品和劳务的总支出即最终产品的总卖价来计算GDP。整个社会分成四大部门，私人部门、企业、政府和国外部门，一定时期内每个部门购买最终产品和劳务的总支出即为支出法计算国内生产总值。

私人的消费支出总数（用"C"表示，consume）：消费者购买的消费品可以是国内消费品，还可以是进出口消费品，如果用C_d表示国产消费品，M_c表示进口消费品，X_c表示出口消费品，则私人部门的消费支出为$C=C_d+M_c-X_c$。

投资支出（用"I"表示，investment）：经济学中的投资是一定时期内增加到资本存量中的资本流量，而资本存量是指经济社会在某一时点上的资本总量，资本流量是指增加或更换资本（包括厂房、住宅、机械设备及存货）的支出。如果用D_i表示国产投资品，用M_i表示进口投资品，用X_i表示出口投资品，则$I=D_i+M_i-X_i$。投资可以分为总投资、净投资和重置投资。总投资等于净投资和重置投资之和，重置投资是指弥补折旧的投资支出，净投资是指整个社会新增加的投资。投资还可以分成总投资、固定投资（包含居民住房投资和企业固定投资）和存货投资（产量超过销量的部分），总投资等于固定投资和存货投资之和。用支出法计算GDP时的投资，指的是总投资。

政府购买（用"G"表示，government）：政府购买是指政府购买物品和劳务的支出。政府花钱设置法院，提供国防，建筑道路，举办学校等都属于政府购买，这些政府购买都作为最终产品计入国民收入。政府这些购买通过雇请公务员、学校教师，建立公共设施，造潜艇，雇请司法部门的人员等方式为社会提供服务。政府购买只是政府支出的一部分，政府支出只有一部分计入GDP，政府转移支付是不包括在GDP中的，政府转移支付只是简单地把收入从一个人或一个组织转移到另一个人或另一个组织，并没有相应的货物或劳务的交换发生，为了避免重复计算，不计入GDP。

净出口（用"NX"表示，net export）：出口是指国外消费者购买本国产品的支出，进口是指国内消费者购买国外产品的支出，进出口的差额等于出口减进口，即$X-M$，出口-进口实际上是国外消费者购买本国产品的净支出。

综上所述，用支出法计算的国内生产总值为国内生产总值＝私人的消费支出总数+投资支出+政府购买+净出口，即

$$GNP = C + I + G + (X - M) \tag{7.1}$$

2. 收入法

收入法又称为要素收入法，要素成本法，是指从居民户向企业出售生产要素获得收入的角度看，也就是从企业生产成本看社会在一定时期内生产了多少最终产品和劳务的市场价值。产品的市场价值中除了生产要素收入构成的生产成本，还有间接税、折旧、公司未分配利润等内容。所以收入法计算的国内生产总值表示如下。

国内生产总值＝工资+利息+利润+租金+间接税和企业转移支付+折旧

$$\tag{7.2}$$

其中，工资、利息、利润和租金等是生产要素的报酬。企业转移支付指公司对非营利组织的社会慈善捐款、消费者呆账、上缴的各种直接所得税、职工住房补贴、向企业征收的各种摊派（如教育附加费和文化事业建设费等）等。企业间接税指企业缴纳的货物税或销售税、周转税，这些税收虽然不是生产要素创造的收入，但要通过产品加价转嫁给购买者，故也应看作是成本。这和直接税不同，直接税（公司所得税、个人所得税等）都已包括在工资、利润及利息中，故不能再计入GDP中。折旧是固定资产在使用年限内，每年提固定资产价值的一部分，以成本形式计入价格的那一部分价值。

三、国民收入核算中的其他几个总量及其关系

(一) 国内生产净值 (用"NDP"表示)

$$NDP = GDP - 折旧 \tag{7.3}$$

为什么要从 GDP 中减去折旧？根据西方国家统计当局的规定，当年生产的新机器的价值要计入当年的国内生产总值，但是机器要使用若干年，对于厂商来说，每年要提取折旧费，提取的办法是将折旧费加到产品的价格上，而统计当年国内生产总值的时候是按当年最终产品的价值计算的，这样，每年统计的 GDP 中就包含了一部分旧机器的价值，而这些旧机器在其出厂的当年，其全部价值已经计算了一次，从 GDP 中减去折旧，就是减去机器价值重复计算的部分。所以 GDP-折旧=NDP（国内净产值）。

(二) 国民收入 (用"NI"表示，net income)

$$NI = NDP - 间接税 - 企业转移支付 \tag{7.4}$$

为什么要从 NDP 中减去间接税？间接税的特点是可以将此税加到价格上，因此当年按税单统计的 GDP 和 NDP 中就包括因征收间接税而增加的价值部分。在当年的最终产品的价值中就包含了一部分虚拟的部分，在当年的国民收入（即当年生产的最终产品价值）中就应该剔除这部分虚拟价值，因为既没有相应的产品，也没有相应的收入。

(三) 国民收入的分解

1. 个人收入 (用"PI"表示，personal income)

个人收入即要素所有者个人所获得的收入，也被看作是个人的毛收入。

$$PI = NI - 社会保险税 - 公司所得税 - 公司未分配利润 + 政府转移支付 + \\ 企业转移支付 + 净利息收入 + 红利。 \tag{7.5}$$

社会保险税是企业和职工为得到社会保障而支付的保险金，它由政府有关部门（一般是社会保险局）按一定比率以税收形式征收。

政府转移支付是人们以各种形式从政府那里得到的转移支付。例如退伍军人津贴、工人失业救济金、职工养老金、职工困难补助等。

企业转移支付指公司对非营利组织的社会慈善捐款和消费者呆账、上缴的各种直接所得税、职工住房补贴、向企业征收的各种摊派（如教育附加费和文化事业建设费等）。

净利息收入是企业向消费者支付的利息，政府向消费者支付的利息净额

(利息-利息所得税)。

红利是企业利润中分给个人的一部分。

2. 个人可支配收入（用"DPI"表示，disposable personal income）

$$PDI = PI - 个人所得税 - 其他非税收性支付 = 个人消费 + 个人储蓄 \qquad (7.6)$$

其他非税收性支付包括个人向政府交纳的除税以外的费用、个人向政府交纳的罚没支出，如违反交通规则罚款、计划外生育罚款等。

在宏观经济学中，经济学家假定个人可支配收入有两个去向——消费和储蓄。在宏观经济学中，凡是不用于消费的部分，我们都计为储蓄，不论储蓄的具体形式是什么，银行存款叫储蓄，购买证券也是储蓄。

四、名义 GDP 和实际 GDP

名义 GDP 是指用当期价格计算的当年生产的全部物品和劳务的价值。实际 GDP 是以某一年的价值为基年价格计算的全部物品和劳务的价值。价格指数又称压缩指数、紧缩指数或平减指数，计算公式为

$$价格指数 = （名义 GDP/实际 GDP）\times 100\% \qquad (7.7)$$

$$价格指数 - 100\% = 通货膨胀率 \qquad (7.8)$$

可以用表 7.1 说明名义 GDP 和实际 GDP 的关系。

表7.1　名义 GDP 与实际 GDP 的比较

年份 (1)	产品 单价 (2)	产品 总量 (3)	名义 GDP (4)=(2)×(3)	价格指数 (5)=(2)/基价	实际 GDP (6)=(4)/(5)
第一年	2	1 000	2 000	2/5=0.4	5 000
第二年	3	1 300	3 900	3/5=0.6	6 500
第三年	5	1 500	7 500	5/5=1	7 500
第四年	7	1 700	11 900	7/5=1.4	8 500
第五年	10	2 000	20 000	10/5=2	10 000

继续用例题说明名义 GDP 和实际 GDP 的计算方法。

假设一经济社会生产五种产品，在 2015 年和 2018 年的产量和价格分别如 7.2 表所示，试计算：

(1) 2015 年和 2018 年的名义 GDP；

(2) 如以 2015 年为基年，计算 2018 年的实际 GDP；

（3）计算 2015—2018 年 GDP 的价格指数，物价上涨了多少？

表 7.2　某经济社会产品产量价格

产品	2015 年产量	2015 年价格	2018 年产量	2018 年价格
A	75	50.0	80	60.0
B	210	4.5	260	5.0
C	105	10.0	120	12.0
D	300	20.0	320	22.0
E	160	5.0	200	6.0

解：

（1）2015 年名义 GDP = 75×50+210×4.5+105×10+300×20+160×5 = 12 545。2018 年名义 GDP = 80×60+260×5+120×12+320×22+200×6 = 15 780。

（2）2018 年实际 GDP = 80×50+260×4.5+120×10+320×20+200×5 = 13 770。

（3）价格指数 =（15 780/13 770）×100% = 114.6%。物价上涨率 = 114.6%－100% = 14.6%。

五、用 GDP 核算国民收入的缺陷

用 GDP 核算国民收入存在低估。美国人说离婚增加 GDP，因为离婚会导致家务劳动社会化，离婚前的家务劳动进入市场交换中，有了市场价值。同时非法产品在黑市上进行交易，属于地下经济，占 GDP 的比重比较大，但没有计入 GDP。

用 GDP 核算国民收入反映的只是产品数量，无法反映产品质量的改进。以计算机为例，计算机的硬件与软件更新换代日新月异，但是在用 GDP 核算国民收入时，GDP 只反映了进入市场交换的计算机的产品数量与市场价值，而没有反映计算机的质量变化。

用 GDP 核算国民收入只计算最终产品的市场价值，而没有考虑生产该产品造成的社会成本。有人说 GDP 的增长，获得的是短期利益，而牺牲了长期利益。在用 GDP 核算国民收入时，没有考虑生产过程中造成的社会污染。

用 GDP 核算国民收入没有考虑闲暇对人们福利的影响。闲暇本身是福利的体现。如果一个国家一周 5 天工作日，另一个国家一周 6 天工作日，但是两个国家收入一样，显而易见一周 5 天工作日的国家社会福利更好，但是用

GDP 核算国民收入时并没有考虑闲暇对人们福利的影响。

第三节　国民收入决定

国民收入决定研究的是均衡的国民收入，也就是总供给等于总需求时的国民收入。在宏观经济学中，假定消费者的收入只有两个去向——消费和储蓄，形成储蓄之后，资本的需求者又会借贷资本去投资，那么投资和储蓄之间有什么关系呢？

一、投资和储蓄的关系

当代西方经济学家假定，储蓄都是由居民户进行的，所有的投资都是由厂商进行的，储蓄的目的不一定是获利，可能是保险，而投资肯定是为了获利，所以，由于两者的动机不同，因此投资和储蓄并不总是一致的。

二、消费函数

（一）消费函数

1. 影响消费的因素

收入、商品价格、消费者偏好、利率、收入分配、家庭财产、消费信贷、年龄、制度、风俗等都会影响消费者的消费水平。从利率角度看，利率的替代效应导致利率提高、储蓄增加，利率的收入效应导致利率提高使将来的利息收入增加所带来的消费增加，对低收入者主要是利率的替代效应，而对高收入者则是利率的收入效应。从价格水平的角度看，在工资不变的情况下价格水平提高会使人们能够购买到的物品减少，导致实际收入减少，消费减少。从收入分配角度看，高收入家庭消费倾向小，低收入家庭消费倾向大，因此当收入增加时，收入分配平均导致总体的消费增加。凯恩斯认为在影响消费的各因素中，收入是消费的唯一的决定因素，收入的变化决定消费的变化。

2. 消费函数

消费函数表示消费支出与影响消费支出各因素之间关系的函数表达式。经济学家研究消费函数，更多的研究了收入对消费的影响，本书只研究关于收入的消费函数，因此消费与收入之间的函数可表示为 $C=C(Y)$。如果消费函数为线性消费函数，其函数表达式表示如下。

$$C = C_0 + cY \quad (0 < c < 1) \tag{7.9}$$

其中，C_0 为自主消费，表示全部消费者出中不随收入变化而变化的部分消费支出；c 为边际消费倾向 MPC。

(二) 消费倾向

消费倾向是指消费在收入中所占的比例，可以分为平均消费倾向和边际消费倾向。平均消费倾向（APC，average propensity to consume）是指在任一收入水平上消费在收入中所占的比率，即

$$APC = C/Y \tag{7.10}$$

边际消费倾向（MPC，marginal propensity to consume）是指在增加的一单位收入中用于增加的消费部分的比率，即

$$MPC = \Delta c / \Delta Y \tag{7.11}$$

三、储蓄函数

(一) 储蓄函数

储蓄函数表示储蓄与国民收入 Y 之间关系的函数表达式。因此储蓄函数可表示为 $S = S(Y)$。其线性函数表达式可以根据线性消费函数推导得到。因为 $C + S = Y$ 所以可以得出结果如下。

$$S = Y - C = Y - (C_0 + cY) = -C_0 + (1-c)Y \tag{7.12}$$

其中，C_0 为自主消费，表示全部消费支出中不随收入变化而变化的部分消费支出；c 为边际消费倾向 MPC。

(二) 储蓄倾向

储蓄倾向是指储蓄在收入中所占的比例，可以分为平均储蓄倾向和边际储蓄倾向。平均储蓄倾向（APS，average propensity to save）是指在任一收入水平上储蓄在收入中所占的比率，即

$$APS = S/Y \tag{7.13}$$

边际储蓄倾向（MPS，marginal propensity to save）是指在增加的一单位收入中用于增加的储蓄部分的比率即

$$MPS = \Delta S / \Delta Y \tag{7.14}$$

四、消费函数与储蓄函数的关系

第一，消费函数和储蓄函数互为补数，二者之和等于收入。即 $C+S=Y$，所以 $S=Y-C$。

第二，$APC+APS=1$，$MPC+MPS=1$。

五、两部门经济中国民收入的决定

国民收入决定研究的是均衡的国民收入，也就是总供给等于总需求时的国民收入。以最简单的两部门经济为例，即只考虑私人消费和企业两大部门，不考虑政府和国外部门，国民收入区域均衡的条件为总供给=总需求。

从总供给的角度看国民收入：(即用收入法核算国民收入)

$$国民收入 = 各生产要素的供给总和$$
$$= 各生产要素获得的收入总和$$
$$= 消费 + 储蓄$$
$$= C+S$$

从总需求的角度看国民收入：(即用支出法核算国民收入)

$$国民收入 = 消费需求 + 投资需求$$
$$= 消费支出 + 投资支出$$
$$= 消费 + 投资$$
$$= C+I$$

即 $Y=C+S$，$Y=C+I$，因而 $C+S=C+I$，即 $S=I$。

所以当总供给大于总需求，$S>I$ 时，国民收入收缩；总供给小于总需求，$S<I$ 时，国民收入扩张；总供给等于总需求 $S=I$ 时，国民收入达到均衡。

由此可以说，在两部门经济中决定国民收入的是储蓄和投资，而国民收入达到均衡的条件是储蓄等于投资。储蓄作为一种漏出（withdrawal）对国民收入有收缩作用，投资作为一种注入（injection）对国民收入有扩张作用。这样，国民收入均衡的条件也可以写为漏出=注入。

六、乘数原理

乘数是指国民收入的变化与引起国民收入变化的支出变化的比率。乘数这个概念最早是由英国的经济学家卡恩（R. F. Kahn）提出来的。凯恩斯用它来说明投资和收入的关系，叫作投资乘数。乘数的一般公式为 $K=\dfrac{因变量增量}{自变量增量}=$

$\dfrac{国民收入增量}{自变量增量}$,自变量增量指引起国民收入变化的因素的增量。凯恩斯研究了的投资乘数,计算公式表示如下。

$$投资乘数 K = \dfrac{国民收入增量}{投资增量} = \dfrac{\Delta y}{\Delta I} \qquad (7.15)$$

投资乘数 K 是大于1的数值,为什么呢?如果用 ΔC 表示消费增量,在两部门经济中则有 $\Delta Y = \Delta I + \Delta C$,所以 $\Delta I = \Delta Y - \Delta C$。$K = \dfrac{\Delta y}{\Delta I} = \Delta Y/(\Delta Y - \Delta C) = 1/(1 - \Delta c/\Delta Y) = 1/(1 - MPC)$,由于 $0 < MPC < 1$,所以 K 必定大于1。

投资的增加会有乘数作用,是因为各经济部门是相互关联的。某一部门的一笔投资不仅会增加本部门的收入,而且会在国民经济各部门中引起连锁反应,从而增加其他部门的投资与收入,最终使国民收入成倍增长。可以举例说明这个问题,例如,某部门增加投资1 000万,该部门收入增加了1 000万,假如该部门1 000万中有4/5用于消费,则第二个部门的收入就会增加 1 000×4/5=800万,若第二个部门也将4/5用于消费,则第三个部门的收入就会增加 800×4/5=640万,这样进行下去,最终使国民收入成倍增长,由一个部门投资1 000万,最终实现国民收入增加5 000万,计算过程如下。

$1\ 000 \times (4/5)^0 + 1\ 000 \times (4/5)^1 + 1\ 000 \times (4/5)^2 + 1\ 000 \times (4/5)^3 + \cdots$
$= 1\ 000 \times [(4/5)^0 + (4/5)^1 + (4/5)^2 + (4/5)^3 + \cdots]$
$= 1\ 000 \times [a_1/(1-q)]$
$= 1\ 000 \times [1/(1-4/5)]$
$= 5\ 000$ 万

最后需要注意的是,投资乘数是一把"双刃剑",当投资增加时,会引起国民收入成倍增长;但是当投资减少时,也会引起国民收入成倍减少。

第八章 IS-LM 模型和 AD-AS 模型分析

在以前的分析中只讲到产品市场的均衡,但是在市场经济中,既有产品经济又有货币经济,也就是说既有产品市场又有货币市场,而且这两个市场是相互影响、相互依存的。产品市场和货币市场相互作用的过程是,如果产品市场上总产出或总收入增加了,需要使用的货币的交易量也增加了,在利率不变时,货币需求会增加,这时如果货币供给量不变,则会使利率上升,而利率上升会影响投资支出,从而反过来又对产品市场发生影响。本章就来说明产品市场和货币市场的一般均衡,这两个市场的一般均衡是用 IS-LM 模型进行说明的,这一模型是对凯恩斯经济理论的最流行阐释,也是凯恩斯主义理论的主要内容。

第一节 产品市场均衡——IS 曲线

一、与产品市场均衡相关的几个函数

(一) 消费函数

消费函数是表示消费和收入之间关系的函数表达式。
$$C = C_0 + cY \quad (0 < c < 1) \tag{8.1}$$
其中,C_0 为自主消费,是全部消费与支出中不随收入变化而变化的部分消费支出;C 为边际消费倾向 MPC。

(二) 储蓄函数

储蓄函数表示储蓄和收入之间关系的函数表达式。因为 $C + S = Y$ 所以结果如下。

$$S = Y - C = -C_0 + (1-c)Y \tag{8.2}$$

其中 C_0 为自主消费，$1-c$ 为边际储蓄倾向 MPS。

(三) 投资函数

投资函数表示投资和利息率之间的关系。

1. 投资定义

投资是指资本形成，是指在一定时期内社会实际资本的增加，这里所说的实际资本包括厂房、设备、存货和住宅，不包括有价证券。

2. 投资的种类

根据投资包括范围的不同，可以划分为重置投资、净投资和总投资。重置投资又称折旧的补偿，是指用于维护原有资本存量完整的投资支出，也就是用来补偿资本存量中已耗费部分的投资。净投资则是指为增加资本存量而进行的投资支出，即实际资本的净增加，包括建筑、设备与存货的净增加。净投资的多少取决于国民收入水平及利率等变化情况。重置投资与净投资的总和即总投资，即为维护和增加资本存量的全部投资支出。

根据投资内容的不同，可以划分为非住宅固定投资、住宅投资和存货投资。非住宅固定投资是指企业购买厂房和设备的投资支出。住宅投资是指建造住宅和公寓的投资支出。存货投资是指厂商持有存货价值的变动。

根据投资形成原因的不同，可以划分为自发投资和引致投资。自发投资是指由于人口、技术、资源等外生因素的变动所引起的投资。引致投资是指由于国民收入的变动所引起的投资。自发投资和引致投资之和就是总投资。

3. 投资函数

投资是国民收入的增函数。国民收入是决定投资的主要因素，一方面，国民收入的总体水平决定着投资的总量规模；另一方面，国民收入的预期变动要求投资的相应变动。这时，投资与国民收入的关系可表示为 $I = I_0 + KY$。如图 8.1 所示。

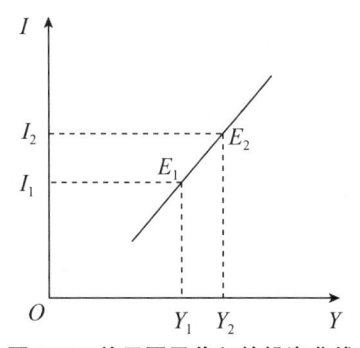

图 8.1　关于国民收入的投资曲线

投资是利率的减函数。

凯恩斯认为,是否要对新的实物资本如机器、厂房、设备、仓库等进行投资,取决于这些新投资的预期利润率与购买这些资产而必须借进的款项所需求的利率的比较。预期利润率大于利率时,投资是值得的,反之投资就不值得了。下面就来看一下预期利润率和利率。

资本边际效率是凯恩斯提出的一个概念,按照他的定义,资本边际效率(MEC)是一种贴现率,这种贴现率正好使一项资本物品的使用期内各项预期收益的现值之和等于这项资本品的供给价格或者重置成本。

什么叫贴现率和现值?下面举例加以说明。

假定投资的本金为100美元,年利率为5%,则：

第一年本利和为 $100 \times (1+5\%) = 105$;

第二年本利和为 $100 \times (1+5\%)^2 = 110.25$。

以此类推,现以 r 表示利率,R_0 为本金,R_1,R_2,R_3 分别表示第一年、第二年、第三年的本利和,则隔年的本利和为

$$\begin{aligned} R_1 &= R_0(1+r) \\ R_2 &= R_0(1+r)^2 \\ &\vdots \\ R_n &= R_0(1+r)^n \end{aligned} \quad (8.3)$$

现在把问题反过来,设利率和本利和为已知,利用公式求本金。假定利率为5%,1年后本利和为105,则利用公式 $R_1 = R_0(1+r)$ 可求本金为100。以此类推,一般来说,几年后的 R_n 的现值结果如下。

$$R_0 = \frac{R_n}{(1+r)^n} \quad (8.4)$$

其中,r 就是贴现率。

现在再来说资本边际效率,假定某企业投资30 000美元购买一台机器,这台机器的使用年限是3年,3年后全部耗损。再假定把人工、原材料及其他所有成本(如能源、灯光等,但利息和机器成本除外)扣除后,各年的预期收益是11 000美元、12 100美元和13 310美元,这也是这笔投资在各年的预期毛收益,3年合计为36 410美元。如果贴现率是10%,那么3年内全部预期收益36 410美元的现值正好是30 000美元,即

$$R_0 = \frac{11\,000}{(1+10\%)} + \frac{12\,100}{(1+10\%)^2} + \frac{13\,310}{(1+10\%)^3} = 10\,000 + 10\,000 + 10\,000 = 30\,000$$

由于这一贴现率为10%,使3年的全部预期收益(36 410)的现值

(30 000)正好等于这项资本品（1台机器）的供给价格（30 000），因此，这一贴现率就是资本边际效率，它表明一个投资项目的收益应按何种比例增长才能达到预期的收益，因此，它也代表该投资项目的预期利润率。

假定资本物品不是在3年中，而是在 n 年中报废，并且在使用终了时还有残值，则资本边际效率公式表示如下。

$$R = \frac{R_1}{1+r} + \frac{R_2}{(1+r)^2} + \cdots + \frac{R_n}{(1+r)^n} + \frac{J}{(1+r)^n}$$

式中：R 为资本物品的供给价格，价格 R_1，R_2，R_3，…，R_n 为不同年份（或时期）的预期收益；J 代表该资本品在 n 年年末时的报废价值；r 代表资本边际效率。

如果 R_0、J 和各年预期收益都能估算出来，就能算出 r，如果资本边际效率 r 大于市场利率，则此投资就值得，否则就不值得。设某企业可供选择的4个投资项目（如表8.1所示）。

表8.1 某企业拟选择的投资项目

项目	资本边际效率	投资量
A	10%	100万
B	8%	50万
C	6%	150万
D	4%	100万

显然，如果市场利率为9%，只有A值得投资，如果市场利率为7%，A和B都值得投资，投资额为150万，如果市场利率为3%，所有投资都可以进行，投资额为400万。可见对企业来说，利率越低，投资需求量会越大。投资和市场利率成反比，这种投资与利率的关系可表示如下。如图8.2所示。

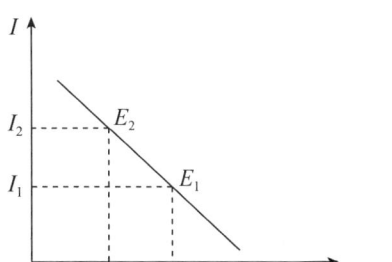

$$I = I_0 - dr \tag{8.6}$$

图8.2 关于利率的投资曲线

其中，I_0 为自主投资，又叫自发投资，指由人口、技术、资源、政府政策等外生因素的变动所引起的投资。d 为投资对利率变动的反应系数，$d=\dfrac{\Delta I}{\Delta r}$。$r$ 为实际利率（货币市场供求相等时的利率）。

在现实经济中，产品市场与货币市场是同时存在的，国民收入和利率都是决定投资的主要因素，因此投资函数可表示如下。

$$I=I_o+KY-dr \tag{8.7}$$

二、IS 曲线

（一）产品市场的均衡

产品市场的均衡是指产品市场上总供给与总需求相等时的状态，即在两部门经济中，投资等于储蓄时，均衡国民收入和均衡利率的组合。

（二）IS 曲线

IS 曲线是表示产品市场均衡时的曲线，即产品市场均衡时国民收入与利率之间的反方向变动关系的曲线。在两部门经济中是指投资与储蓄相等的情况下利率与收入之间反方向变动关系的曲线（如图 8.3 所示）。

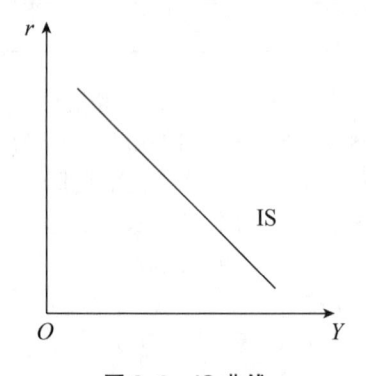

图 8.3 IS 曲线

（三）IS 曲线的公式推导

在两部门经济中，IS 曲线是指投资与储蓄相等时利率与收入之间关系的曲线，因此，其函数表达式可以根据投资等于储蓄得出，即

$$I = I_0 - dr$$
$$S = -c_0 + (1-c)Y$$
$$I = S$$
$$I_0 - dr = -c_0 + (1-c)Y \quad (8.8)$$
$$r = \frac{I_0 + c_0}{d} - \frac{1-c}{d}Y$$

（四）IS 曲线的斜率

由 IS 曲线的的函数表达式可以得出其斜率 = -（1-c）/d，因此，IS 曲线的斜率大小会随边际消费倾向（c）和投资对利率变动的反应敏感系数（d）两个因素的变化而变化。当 c 不变，d 变时，d 越大，则 $\frac{1-c}{d}$ 越小，IS 斜率绝对值越小，则 IS 曲线越平缓。当 d 不变，c 变时，c 越大，则 $\frac{1-c}{d}$ 越小，IS 斜率绝对值越小，则 IS 曲线越平缓。

第二节　货币市场均衡——LM 曲线

一、货币的定义

人们拥有的资产可以分为两大类：一是实际资产或物质资产，包括房地产、各种机器设备、半成品、原材料、各种生活用品等一切有实际使用价值的物品；二是金融资产，包括各种以价值形式存在的财产，如货币、银行存款、各种债券、股票和其他有价证券等。从这个意义上说，货币是一种金融资产，但金融资产却不一定都是货币，只有具备以下三种职能的金融资产才是货币，第一，它必须是交换媒介；第二，它必须是财富的储藏手段；第三，它必须是计账单位。根据这三种职能，货币是指各国法定的货币，如美元、日元、人民币等，因为除去前两个职能以外，只有法定货币才起计账单位的职能。

二、货币的需求

(一) 货币的需求含义

货币需求是人们在不同条件下出于各种考虑对持有货币的需要。

(二) 货币的需求动机

凯恩斯主义经济学认为对货币需求的动机有三种。

第一，交易动机。这是指为了应付日常交易必须持有一部分货币，无论是厂商或家庭都如此。交易动机是个人或企业正常交易的需要。对货币的需要量取决于收入，收入越高，交易量越大。

第二，谨慎动机。这是指为防止意外支出，必须有一部分货币，如为了应付事故、防止失业和对付疾病等意外事件，必须持有一部分货币，有时也称为预防动机。其需求量与收入成正比，即

$$L_1 = L_1(Y) = kY \tag{8.9}$$

其中，L_1 是交易和预防动机需要的货币；Y 是国民收入；$k = \dfrac{\Delta L_1}{\Delta Y}$ 即货币需求对收入变动的反应程度。

第三，投机动机。这是指为了遇到投资能获得巨额利润的有利时机，必须持有一部分货币用于投资，包括兴建效益好的项目和购买获利多的证券等。即为抓住有利的购买有价证券的机会而持有的一部分货币的动机。货币的投机需求取决于利率，即

$$L_2 = L_2(r) = -hr \tag{8.10}$$

其中，L_2 是货币的投机需求；r 是利率；h 是货币需求对利率变动反应敏感程度 $= -\dfrac{\Delta L_2}{\Delta r}$；$r$ 越高，投机动机产生的货币需求越少。

交易动机和谨慎动机所需要的货币需求，可用 L_1 表示；投机动机所引起的货币需求，可用 L_2 表示，总的货币需求为两者之和，即

$$L = L_1 + L_2 \tag{8.11}$$

其中，L 指实际 L，名义 L = 实际 L × 价格指数 P。

三、货币的供给

在当代的西方国家，货币有如下三种形式：即 M_1，M_2，M_3。

（一）狭义的货币供给（M_1）

狭义的货币供给（M_1）是指硬币、纸币和银行活期存款的总和。M_1＝现金＋支票账户存款。M_1是最基础的货币计量形式，它包括全部现金和可随时开支票提取现金或转账的银行存款，一般称为活期存款。这种可开支票的活期存款，不必通过提取现金而是通过开支票来直接作为媒介进行商品交换，它与现金起完全相同的作用。所有经营金融业务的机构中的以支票账户存在的活期存款，都被看作是与现金等同的货币。

（二）广义的货币供给（M_2）

广义的货币供给（M_2）是狭义的货币供给与定期存款的总和，$M_2=M_1$＋定期存款或$M_2=M_1$＋活期储蓄＋小额定期存款＋短期定期储蓄＋货币市场互助基金。小额定期存款是指零星存入的定期存款，短期定期储蓄包括一年以下的所有定期存款，货币市场互助基金是指商业银行之间的准备金贷款。前两项是由于流动性较强（即变现能力较强）而被包括在较宽的货币M_2中，最后一项则是由于对银行的"货币创造"有重大影响而被包括在M_2中。它们没有被包括在M_1中是因为它们不能直接起交换媒介的作用。

（三）广泛的货币供给（M_3）

广泛的货币供给（M_3）是广义的货币供给与大额定期储蓄等流动性较差的金融资产的总和，$M_3=M_2$＋大额定期储蓄等流动性较差的金融资产。

在上述三种货币形式中，M_1是经济学家和政府经常使用的货币计量形式，各国对M_1的内涵定义也都大致相同。至于M_2和M_3的内涵，不同国家则不尽相同。货币供给理论分析中所使用的货币概念仅指M_1。

总之，货币供给是指一个国家在某一时点上所保持的不属于政府和银行所有的硬币、纸币和银行存款的总和。西方国家认为货币供给由国家用货币政策来调节的，是一个外生变量，与利率无关，因此货币供给曲线是条直线。

四、LM曲线

（一）货币市场均衡

货币市场均衡是指货币供给等于货币需求时，均衡国民收入和均衡利率的组合。货币的供给一般由中央银行外生给定，一定时期内为常数；货币的需求包括货币的交易需求和投机需求,货币的交易需求是国民收入的增函数,货币的投机需求是利率的减函数。

(二) LM 曲线

LM 曲线是指满足货币市场均衡条件下的国民收入与利率间的关系,反应这一关系的曲线就称为 LM 曲线。如图 8.4 所示。

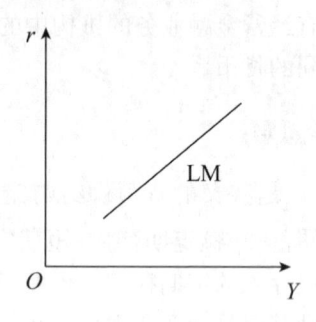

图 8.4 LM 曲线

根据 $L=M$ 和 $L=Ky-hr$,可以求得 LM 曲线的函数表达式,所以 $M=Ky-hr$,即

$$r=\frac{KY}{h}-\frac{M}{h} \tag{8.12}$$

(三) LM 曲线的斜率

由 LM 曲线的函数表达式可以可得到其斜率 $=\frac{k}{h}$,因此,LM 曲线的斜率会随着 k 和 h 的变化而变化。当 k 一定,h 越大时,斜率越小,LM 越平缓;当 h 一定,k 越大时,斜率越大,LM 越陡峭。

五、IS-LM 模型

(一) 两个市场同时均衡时的利率和收入

产品市场和货币市场同时均衡时的利率和收入分别为均衡利率和均衡收入。我们前面分析的是单个市场的均衡,运用 IS-LM 模型则是把产品市场和货币市场均衡同时考虑。把 IS 曲线和 LM 曲线放在同一个图像中,则两条曲线的交点所形成的利率和国民收入就是实现货币市场和产品市场同时均衡的利率和国民收入。IS 曲线与 LM 曲线相交的交点就得到产品市场和货币市场同时均衡的图形，如图 8.5 所示。我们可以举例说明两个市场同时均衡时的均衡利率和均衡收入的状况。

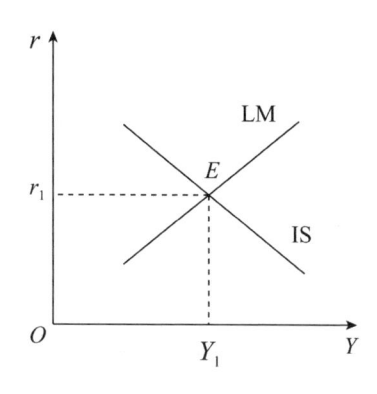

图 8.5 IS-LM 模型

例：在产品市场中，有投资函数 $I=1\ 250-250r$ 和储蓄函数 $S=-500+0.5Y$，在货币市场中，货币供给为 1 250，货币需求 $L=0.5Y+1\ 000-250r$，求均衡国民收入和均衡利率。

解：$I=S$，$1\ 250-250r=-500+0.5Y$，得 $Y=3\ 500-500r$；

$M=L$，$1\ 250=0.5Y+1\ 000-250r$，得 $Y=500+500r$；

$Y=Y$，$3\ 500-500r=500+500r$，得 $r=3$（%）$Y=2000$。

（二）非均衡状态

IS 曲线以上的点，$I<S$；IS 以下的点，$I>S$。

LM 曲线以上的点，$L<M$；LM 以下的点，$L>M$。

在图 8.6 中 IS 曲线和 LM 曲线的交点上，表示产品市场和货币市场同时实现了均衡，也就是在此时的利率和国民收入上，投资等于储蓄，货币供给等于货币需求，任何偏离交点的利率和国民收入的组合，都不能实现产品市场和货币市场的同时均衡。如图 8.6 所示。

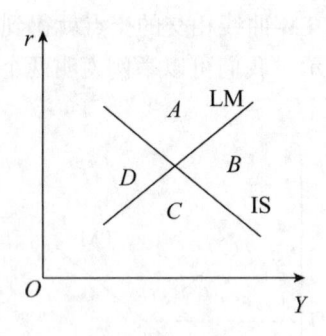

第八章　IS-LM 模型和 AD-AS 模型分析

图 8.6　IS-LM 模型非均衡状态

IS-LM 模型把整个图分成四个区域，A 点位于 LM 曲线的左上方和 IS 曲线的右上方。这个区域中的利率都相对高于均衡利率，对产品市场来说，说明储蓄大于投资，对货币市场来说，货币供给大于货币需求，这都使利率承受下降的压力。B 点位于 LM 曲线的右下方和 IS 曲线的右上方，在这个区域中，利率相对于产品市场的均衡偏高，以致储蓄大于投资，但却相对于货币市场的均衡偏低，以致货币供给小于货币需求，这就使 B 点既承受利率下降的压力，又承受利率上升的压力。C 点处在 LM 曲线的右下方和 IS 曲线的左下方，在这个区域中，利率相对低于均衡利率，这就使得产品市场的储蓄小于投资、货币市场的货币供给小于货币需求，这就使利率承受上升的压力。D 点位于 LM 曲线的左上方和 IS 曲线的左下方，在这个区域中，利率相对于产品市场的均衡偏低，以致储蓄小于投资，相对于货币市场的均衡又偏高，以致货币供给大于货币需求，D 点因此既承受利率上升的压力，又承受利率下降的压力。

第三节　总需求曲线

一、总需求

实际 GDP 的需求量是个人、企业、政府和外国居民计划购买的一国生产的最终产品和劳务的总量，即 $Y=C+I+G+(X-M)$。决定总需求的主要因素有物价水平、财政政策与货币政策等。

二、总需求曲线

(一) 总需求曲线概念

总需求曲线是指在其他条件不变的情况下，指价格水平与实际 GDP 需求量反向运动关系的曲线。如图 8.7 所示。总需求曲线可看成社会上全部个别需求之总和。

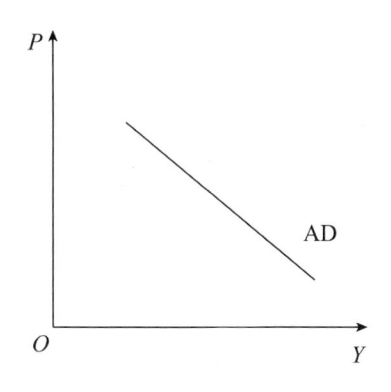

图 8.7 总需求曲线

(二) 总需求曲线向右下方倾斜的原因

1. 利率效应

通过投资影响总需求。在其他条件不变时，价格上升，使实际货币供给减少，并导致利率上升；反之亦然。而利率上升，会导致投资减少，并使总需求减少；反之亦然。即价格与总需求成反比。利率效应是由货币传导机制所形成的，如果货币的传导机制失灵，利率效应也就不起作用。

2. 实际货币余额效应

通过 C 影响总需求。如果名义货币供给不变，价格上升时，以实物形态衡量的手持货币，也即实际货币余额减少，从而减少消费，并导致总需求减少；反之亦然。所谓实际货币是指货币所能购买的商品的数量，即以实物形态衡量的货币。这种由于价格水平下降导致实际货币余额上升，进而带动总需求增加的原理被称为实际货币余额效应，简称实际货币效应、实际余额效应或称庇古财富效应。

3. 外贸效应通过 X-M 影响总需求

假如一国的物价水平上升，在外国消费者看来，该国的商品价格相对上升，就会减少该国商品的消费，并导致出口减少。同时，在该国消费者看来，外国的消费品价格相对下降，增加对外国商品的消费，并导致进口增加；一增一减，净出口下降，并导致总需求减少。这种由于本国货币贬值或升值导致汇率变化，进而导致总需求变化的效应，称作外贸效应。

4. 跨时期效应

如果今年价格水平上升了，且预期明年的价格会回落，消费者有可能延期消费，从而减少本期消费，导致今年的总需求下降。这种由于现期与未来相对价格的变化所导致的总需求的变化，就是跨时期效应。

(三) 总需求曲线的移动

这是由 P 和 Y 之外的因素的变化而产生的变化。除价格水平之外影响总需求变动的主要因素有预期、财政政策与货币政策、世界经济。如图 8.8 所示。

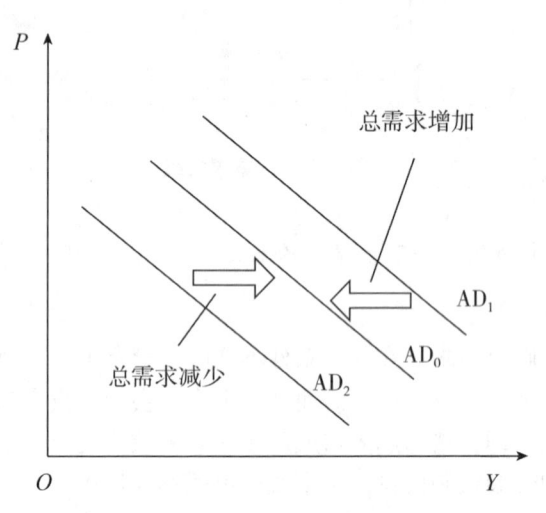

图 8.8　总需求曲线的移动

引起总需求增加的原因有：预期未来收入、通货膨胀或利润上升；财政政策增加政府购买、减少税收、或增加转移支付；货币政策增加货币量并降低利率；汇率下降或国外收入增加。以上因素变动均会引起总需求曲线向左移动，如图 8.8 所示。

引起总需求减少的原因有：预期未来收入、通货膨胀或利润下降；财政政策减少政府购买、增加税收、或减少转移支付；货币政策减少货币量并提高利率；汇率上升或国外收入减少。以上因素变动均会引起总需求曲线向右移动，如图 8.8 所示。

第四节　总供给曲线

一、总供给的涵义

（一）总供给

总供给是经济社会的收入总量（或总产出），它描述了经济社会的基本资源用于生产时可能达到的产量。一般地，总供给主要由总量的劳动力、生产性资本存量和技术决定的。

（二）潜在 GDP

充分就业时的产量又称为潜在产量，即在现有资本和技术水平条件下，经济社会的潜在就业量所能产生的产量，即潜在 GDP。而潜在就业量是指充分就业量，是指一个社会在现有激励条件下所有的愿意就业的人都参与经济活动时所达到的就业量。[①]

（三）宏观经济中的短期与长期

宏观经济学中，对于长期和短期有两种含义：一是将经济增长的时间叫作长期，将经济波动的时间叫作短期；二是在经济波动的条件下区分长期和短期，这是指总供给曲线的长期和短期，一般地，短期的总供给曲线斜率为正，长期的总供给曲线斜率为负。

二、总供给曲线

总供给曲线表示经济社会的产出与价格水平之间的关系。在生产函数、劳动需求函数和劳动供给函数很稳定的情况下，总供给曲线的斜率会因为人们对价格水平变动的预期不同而不同。又由于人们对价格水平预期可能会因为调整

[①] 马克思主义理论研究和建设工程《西方经济学》编写. 西方经济学（精要本·第二版）[M]. 北京：高等教育出版社，2016：356-357.

时间的长短不同而不同,所以总供给曲线的斜率会由于时间的推移而发生变化。

(一) 长期的总供给曲线

长期的总供给曲线是一条位于经济潜在产量水平上的垂直线。如图8.9所示,LAS即是长期总供给曲线。

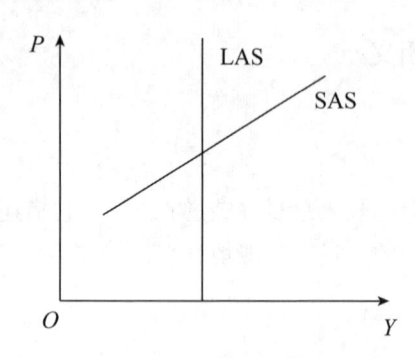

图8.9 长期和短期的AS曲线

价格水平影响总产出的基本过程是:价格水平的变化影响实际工资。实际工资与一般价格水平成反比,实际工资的变化又影响劳动市场的供求。由于劳动供给与实际工资的变化方向相同,劳动需求与实际工资变化方向相反,劳动的供求决定了实际的就业量,因此,假定其他条件不变,实际工资就通过劳动市场影响就业量,就业量的变化影响总产出。假定其他条件不变,则总供给量随就业量的增加而增加。反之亦然。

(二) 短期总供给曲线

短期总供给曲线是在短期内货币工资率、其他资源价格和潜在GDP保持不变的情况下,描述实际GDP供给量和价格水平呈同方向运动的关系的曲线。如图8.9所示,SAS即是短期总供给曲线。

三、总供给曲线的变动

理论一:潜在GDP、货币工资率及其他资源价格的变动引起长期总供给曲线和短期总供给曲线的变动。主要有三个原因导致潜在GDP发生变动:充分就业的劳动量的变化、资本量的变化和技术进步。当货币工资率或石油价格等其他资源的货币价格发生变动时,短期总供给线变动,长期总供给线不变。如图 8.10 和 8.11 所示。

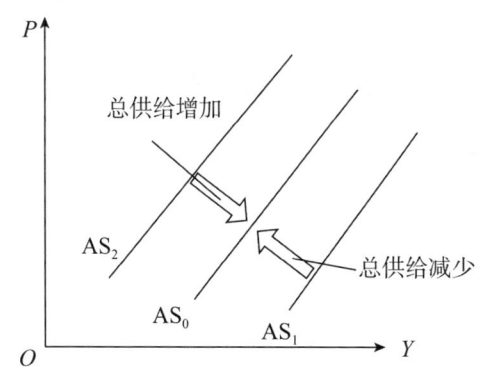

图 8.10 短期总供给曲线的移动

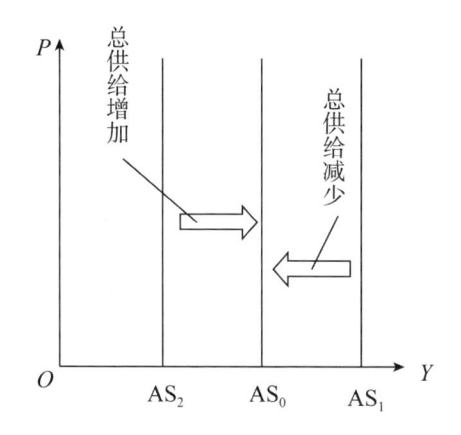

图 8.11 长期总供给曲线的移动

理论二:自然和人为的祸害、技术变动、工资率的变化、生产能力的变动引起总供给曲线变动。地震等特大自然灾害或战争期间的轰炸会极大地减少经济中的资本存量,任意数量的劳动能够生产的产出量都会减少,从而使总供给曲线向左移动;技术进步通常使总供给曲线向右移动;实际工资的降低对于任意给定的价格水平,厂商愿意提供更多的产品,总供给曲线会向右移动;随着经济中企业设备的增加,经济生产能力增加,会使总供给曲线会向右移动。如图 8.10 和 8.11 所示。

四、AD-AS 模型

在了解了总需求曲线和总供给曲线之后，可以将两者结合起来决定宏观经济中的均衡总产量水平和和均衡总价格水平，即 AD-AS 模型，如图 8.12 所示。

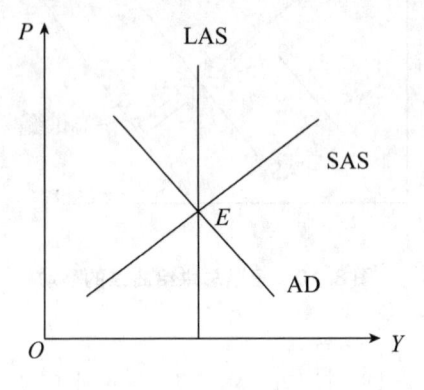

图 8.12　AD-AS 模型

第九章 宏观经济政策

宏观经济政策是指国家或政府为增进社会经济福利而制定的解决经济总量的指导原则和措施。这种宏观管理政策可以分为需求管理政策和供给管理政策。需求管理政策的主要内容包括财政政策和货币政策，供给管理政策包括人力政策、收入政策和产业政策等。根据凯恩斯主义的理论，在短期内生产技术、资本设备的质量与数量、劳动力的质量与数量都是不变的，因此国家调节就是在总供给既定的前提下，来调节总需求，即进行需求管理。

第一节 宏观财政政策

一、财政政策的主要内容

（一）财政政策的定义

财政政策就是政府通过调整政府收入和支出水平来影响国民经济，以使其达到理想状态的一种宏观经济调节政策。

（二）财政政策的内容

财政政策包括财政收入和财政支出两个方面的规定。

税收是西方财政收入最主要的来源。在西方国家中，税收制度较为复杂，税种繁多。依照税收对象的不同，税收可分为所得税、财产税和货物税，所得税在税收中占有较大的比重。依照纳税方式区分，税收包括直接税和间接税。根据税率的变动来划分，税收又分为累进税和比例税。所得税往往采取累进的税率征收。公债是政府财政收入的另一个重要来源。公债按照偿还期的长短不同，可以区分为短期债券、中期债券和长期债券。

财政支出主要是各级政府的支出,包括政府用于国防及安全方面的支出、社会福利支出、公共卫生、教育、环保、运输、农业及公债利息等方面的支出。按照支出的补偿性区分,财政支出可以区分为政府购买和政府的转移支付。政府购买是指政府对商品和劳务的购买;政府的转移支付主要是社会保险、救济及其各种补贴。由于政府购买对产品直接构成需求,并且必须以产品作为交换,而转移支付不需要以产品作为交付,只是一种货币性支出,因此,从经济政策的角度来看,政府的购买性支出对经济运行产生的影响大。

二、财政政策的自动稳定器作用

自动稳定器又叫内在稳定器,是经济系统本身存在的一种会减少各种干扰对国民收入冲击的机制,能够在经济繁荣时自动抑制通货膨胀,在经济衰退时自动减轻萧条,无须政府采取任何行动。西方经济学家认为,由于财政制度本身的某些特点,一些财政支出与税收与财政政策具有某种自动调节经济的灵活性,这种灵活性有助于维持经济的稳定,对需求管理起到了自动配合的作用。这些能起自动配合作用的财政政策被称为"内在稳定器"。具有内在稳定器作用的财政政策主要包括累进税制、政府转移支付和农产品价格支持制度。

(一)累进税制

累进税制这一部分税收主要指所得税,不管是个人所得税还是企业所得税都实行累进税,所以具有内在稳定器作用。具体来说,在萧条时期,由于经济衰退使个人收入和企业利润减少了,符合纳税规定的个人和企业就少了,在纳税人和企业中,就自动进入税率低的适用范围,因此应交的税额也少了,这样税收就会自动减少,税收下降幅度超过收入下降幅度,从而可以抑制消费与投资的减少,有助于抑制经济衰退。在膨胀时期,由于经济高涨,个人收入和企业利润增加了,符合纳税的人和企业就多了,在纳税人和企业中,就自动进入税率高的适用范围,因此应交的税额就多了,这样税收就会自动增加,税收上升的幅度超过了收入增加的幅度,从而抑制了消费与投资的增加,抑制了经济的膨胀。

(二)政府转移支付

政府转移支付主要指失业救济金和各种福利支出。失业救济金和各种福利支出都有一定的发放标准,失业救济金的发放多少主要取决于失业的人数多少。在萧条时期,失业人数增多,这样失业救济金的发放就自动地增加了。失业救济金的增加就是转移支付的增加,这样有利于抑制消费的减少。在膨胀时期，失业人数减少，这样失业救济金的发放就自动减少了。失业救济金的减少同样是转移支付的减少，这样有利于抑制消费的增加。

各种福利支出的发放主要取决于就业与收入状况。在萧条时期，就业减少，个人收入减少，符合接受福利支出的人增加了，从而作为转移支付之一的福利支出增加，抑制了个人消费的减少。在膨胀时期，就业增加，个人收入增加，符合接受福利支出的人减少了，从而作为转移支付之一的福利支出减少，抑制了个人消费的增加。

（三）农产品价格支持制度

政府要按照农产品价格维持法案把农产品价格维持在一定水平上。如果农产品市场中农产品价格高于这一价格，政府抛出农产品，压低农产品价格；低于这一价格，政府收购农产品，提高农产品的价格。在萧条时期，农产品价格下跌，政府收购剩余农产品，就会增加农场主的收入，维持他们既定的收入与消费水平。在膨胀时期，农产品价格上升，政府抛出农产品，既可以抑制农场主收入与消费的增加，又可以稳定农产品价格，防止通货膨胀。

西方经济学家特别强调，这些财政政策的内在稳定器作用是十分有限的，它只能配合需求管理来稳定经济，而本身并不足以稳定经济。在萧条时期，它们只能缓和经济衰退的程度，而不能改变经济衰退的总趋势；在膨胀时期，它们只能抑制过分的高涨，缓和通货膨胀的程度，而不能改变通货膨胀的总趋势。因此，仅仅依靠某些财政政策的内在稳定器作用是不行的，必须采用更加有力的财政政策措施。

四、斟酌使用的财政政策

政府要审时度势，主动采取一些财政措施，变动支出水平或税收以稳定总需求水平，使之接近物价稳定的充分就业水平，这就是斟酌使用的财政政策。

斟酌使用的财政政策的内容：在经济萧条时，采用扩张性的财政政策；在经济膨胀时，实行紧缩性的财政政策。扩张性的财政政策包括增加政府支出和降低税率，紧缩性的财政政策包括减少政府支出和提高税率。

五、赤字财政政策

什么是财政赤字？现实中，许多国家在经济萧条时期都运用赤字财政政策来刺激经济。财政赤字就是政府收入小于支出。

有经济学家认为，使用赤字财政政策会发生挤出效应。挤出效应的内容是

第九章　宏观经济政策

社会财富的总量是一定的，政府这边占用的资金过多，就会使私人部门可占用资金减少。对挤出效应的发生机制有两种解释。一种解释是财政支出扩张引起利率上升，利率上升抑制民间支出，特别是抑制民间投资。另一种解释是政府向公众借款引起政府和民间部门在借贷资金需求上的竞争，减少了对民间部门的资金供应。

实行赤字财政是通过发行公债实现的。在经济萧条时期，本来税收就少，而为了刺激经济的发展又要增加政府支出，那么这么庞大的政府支出来源于哪里呢？最主要的方法就是要由政府发行公债。

凯恩斯主义经济学家认为，赤字财政政策不仅是必要的，而且也是可能的。这就因为，第一，债务人是国家，债权人是公众，公众是国家的纳税人，国家是公众的代表，因此国家与公众的根本利益是一致的，国家的财政赤字是国家欠公众的债务，也就是自己欠自己的债务。第二，国家的政权是稳定的，这就保证了债务的偿还是有保证的，不会引起信用危机。只要政府不垮台，公债的增加不会给债权人带来危险，政府的债务可以一届一届传下去，公众的债权也可以一代一代传下去，公债的偿还是有保证的。在实际的公债发行中，政府还采取了多发行短期公债，一边发行新公债一边还旧公债的办法，这样就不会有信用危机。第三，国家债务总额与国民收入总是保持一定的比例。经济繁荣时，债务会减少，经济萧条时，债务会增大。发行公债的目的在于调节经济，医治萧条，只要把发行公债得到的钱用于投资，发展经济，经济就会好转，税收增加，国民收入既可增加，使政府有能力偿还债务，弥补赤字。这样公债就不会无限地扩大下去。这些就是一般所说的"公债哲学"。

如何发行公债？发行公债可以向中央银行借款、国内公众和外国借款。

一种观点认为，政府实行赤字财政，发行公债时，公债不能直接卖给居民户、厂商和商业银行。这是因为如果由居民户与厂商直接购买公债，则会减少他们的支出，在一定程度上产生挤出效应，不能起到应有的扩大总需求的作用；如果由商业银行直接购买公债，则会减少它们的放款，同样间接产生挤出效应。只有把公债卖给中央银行，才能起到扩大总需求的作用。具体的做法是政府（由财政部代表）把公债券作为存款交给中央银行，中央银行给政府以支票簿，政府就可以把支票簿作为货币使用，或用于增加公共工程，或用于增加购买，或用于增加转移支付。中央银行可以把政府债券作为发行货币的准备金或作为运用货币政策的工具。

这是在萧条时期由于政府支出增加，税收减少，需要按上述办法发行公债来弥补财政赤字。那么在膨胀时期，由于政府支出减少，税收增加，会有盈余。但这时的盈余不能花掉，又不能用以偿还债务，因为这样用掉财政盈余最终会直接或间接地增加消费与投资，从而加剧通货膨胀。比较可行的办法是，在通货膨胀时期把财政盈余冻结起来，以备萧条时期使用。

六、财政政策的局限性

财政政策地局限性表现为如下几个方面：一是时滞性，财政政策在完全发挥作用达到最终目标之前，必定存在一定的时间间隔，这种时间间隔为"时滞"；二是经济的不确定性，经济学家和政府的判断有时会出现大的差别，由于多种不可测因素，导致政府无法正确预测经济的运行，从而导致政府决策失误；三是实施财政政策存在公众的阻力，如减少政府转移支付，会遭到一些平民的反对，减少政府支出，会引起相应企业的反对。

第二节　宏观货币政策

一、商业银行和中央银行

西方主要国家的金融机构主要包括中央银行和金融中介机构，金融中介机构主要包括商业银行、储蓄贷款协会、信用协会、保险公司等，其中最主要的是商业银行。商业银行之所以叫作商业银行，是因为早先向银行借款的人都经营商业，但是后来工业、农业、建筑业、消费者也都日益依赖商业银行融通资金，故其客户遍及经济各部门，业务也多种多样，之所以仍叫作商业银行，只不过是沿用旧称呼罢了。

中央银行是一个国家最高的金融当局，它统筹管理全国的金融活动，实施货币政策以影响经济。当今世界几乎所有的独立国家都设有自己的中央银行，只不过称呼不同罢了。美国是联邦储备局，英国是英格兰银行，德国是联邦银行，法国是法兰西银行，日本是日本银行，在中国就是中国人民银行。一般认为中央银行有三个职能：发行的银行——发行货币；银行的银行——为商业银行提供贷款；国家的银行——代理国库，提供政府所需资金，代表政府与外国发生金融业务关系，执行货币政策，监督管理全国金融市场活动。

二、货币政策的含义、内容及传导机制

货币政策是指中央银行运用货币政策工具来调节货币供给量以实现经济发

展既定目标的经济政策手段的总和。

货币政策的内容包括货币政策的目标和货币政策工具。货币政策的目的在于通过控制货币供给，影响利率，从而影响投资，并最终影响国民收入。货币政策工具是指要实现货币政策目标所采取的政策手段，一般包括公开市场业务、再贴现率和法定准备率等。货币政策的选择就是通过改变货币政策工具的变量达到政策目标。

中央银行调节货币供给量的目的主要通过调整法定准备金率、变更贴现率和公开市场业务三大工具来实现。

（一）调整法定准备金率

经常保留的供支付存款提取用的一定金额被称为存款准备金，这种存款准备金在存款中起码应当占的比例是由政府（中央银行）规定的，这一比率叫法定准备金率，法定准备金率有最高限和最低限，要突破必须请求立法机构赋予这项权利。

商业银行吸收存款后，必须按照法定的比率保留规定数额的准备金（法定准备金），其余部分才能用作放款。法定准备金率是指以法律规定的商业银行对于存款所必须保持的准备金的比例。准备金率的高低因银行类型、存款种类、存款期限和数额等不同而有所区别，如城市银行的准备金率高于农村银行的准备金率、活期存款的准备金率高于定期存款的准备金率。法定准备率有最高限和最低限，商业银行为了获取最大利润，一般都愿意尽可能按最低准备率留准备金。中央银行可以在法定的范围内改变商业银行活期存款的准备金率来调节货币和信用供给。如果要突破法定准备金率的最高限或最低限，就必须请求立法机构授予这项权力。当经济萧条时，中央银行在法律允许的范围内调低法定准备金率，增加货币供给，从而刺激消费与投资，达到促进经济发展的目的。反之，当经济过热时，中央银行在法律规定的上限以下提高法定准备金率，商业银行的贷款数量减少，减少货币供给，从而减少消费和投资，达到抑制经济过热的目的。改变法定准备金率被认为是一项强有力的调节货币供给的手段，一般不采用这个方法，因为这个方法力度太大，使整个银行系统信用受到影响，而且从中央到地方的政策传递也有一个时滞。

（二）变更再贴现率

贴现率是商业银行从中央银行取得准备金贷款时所付的利率。贴现率提高属于紧缩性货币政策，降低则属于扩张性货币政策。这种方式一般是商业银行向中央银行出售商业票据，中央银行按再贴现率扣除利息后，再把贷款加到商业银行的准备金账户中作为增加的准备金，美国现在是商业银行以政府债券作担保，向联邦储备局贷款，所以这种贷款又叫贴现。

当经济萧条时，中央银行降低再贴现率，以吸引商业银行将手中持有的债券向中央银行贴现，从而增加商业准备金，以鼓励商业银行发放贷款，刺激消费和投资，促进经济发展的目的；当经济过热时，中央银行为了控制货币数量和商业银行的放款规模，提高再贴现率，从而减少商业银行的贷款数量，抑制经济过热的目的。

(三) 公开市场业务

公开市场业务是指中央银行在金融市场上公开买卖政府债券以影响货币供给量的货币政策手段。当经济不景气时，为了刺激总需求，中央银行便在公开市场上买进商业持有的政府债券，增加货币供给，从而刺激消费与投资，达到促进经济发展的目的。当经济过热，中央银行便在市场上卖出政府债券。商业银行购买债券后，可以贷出的货币减少，从而中央银行达到了控制货币、控制投资，减少货币供给，从而减少消费和投资，抑制经济过热的目的。

中央银行在公开二级债券市场买卖政府短期债券。买进债券，导致货币供应量增加，属扩张性货币政策；卖出债券，导致货币供应量减少，属紧缩性货币政策。

上述三大手段是中央银行执行货币政策的最重要的手段，它们不仅可以单独使用，也可以配合使用。一般说来，由于调整法定准备金率对整个经济的影响程度很大，因而在实践中较少使用。变更贴现率可以间接地控制商业银行的准备金，因而在实践中较为常用。公开市场业务不仅便于操作，而且很容易进行数量控制，因而在实践中最为常用。

三、货币政策的运用

在不同的经济形势下，中央银行要运用不同的货币政策来调节经济。

在萧条时期，总需求小于总供给，为了刺激总需求，就要运用扩张性货币政策，其中包括在公开市场上买进有价证券、降低贴现率并放松贴现条件、降低准备率，等等。这些政策可以增加货币供给量，降低利率，刺激总需求。

在繁荣时期，总需求大于总供给，为了抑制总需求，就要运用紧缩性货币政策，其中包括在公开市场上卖出有价证券、提高贴现率并严格贴现条件、提高准备率，等等。这些政策可以减少货币供给量，提高利率，抑制总需求。

四、货币政策的局限性

货币政策是政府宏观干预的重要手段之一，它通过影响货币供给量影响 LM 曲线而对利息率产生影响，并影响投资，最终影响收入。但是，在实际应用中，货币政策对收入的影响会受到下列因素的制约，主要表现为如下几个方面：一是在通货膨胀期实行紧缩性的货币政策效果较明显，而在经济衰退期实行扩张性的货币政策效果就不明显，原因是投资前景不好，厂商不愿投资，银行不愿贷款；二是政策时滞的影响，与财政政策一样，货币政策的效果也受到政策时滞的影响，从中央银行对经济形势作出判断、分析、制定政策到实施，都会产生滞后，这些滞后制约着货币政策准确有效地发挥作用；三是货币政策手段本身的局限性，变更再贴现率是中央银行间接控制商业银行准备金的重要手段，但这种手段的效果受到商业银行行为的制约，例如，当中央银行降低再贴现率时，商业银行未必增加贴现，至少不一定按照中央银行的意图增加再贴现数量。

五、财政政策与货币政策的协调

(一) 财政政策与货币政策的关系

1. 财政政策与货币政策的替代性

财政政策和货币政策都要为宏观经济政策目标服务，目标上的一致性使两者之间具有替代性。例如，为了坚决紧缩过大的总需求，如果单纯依靠货币政策，可能使利率上升过高，投资减少过猛，带来经济上的衰退。如果财政政策也实行紧缩，适当增加税收和削减支出，就可以替代一部分货币政策的作用，使货币政策变得比较温和。一般来说，财政政策的决策较慢，效果较快，而货币政策决策较快，效果较慢，我们可以根据所要解决的问题，审时度势，斟酌选用这两种政策。

2. 财政政策和货币政策的互补性

财政政策和货币政策各有自己的长处，可以互相取长补短。例如，政府支出增加，就会刺激需求，增加收入，但同时又会提高利率，抑制投资，限制收入。如果采取货币政策相应增加货币供给，就可以维持原有利率水平，使乘数发挥应有的作用，但这又可能导致物价上涨。权衡得失，最好是两者一松一紧、互相搭配、逐步微调，以免双紧双松，引起经济振荡。

3. 财政政策和货币政策的矛盾性

一般来说，财政政策的主要任务是提供公共服务，货币政策主要是稳定金融，两者的具体任务不同，因而会产生一系列矛盾。财政部门根据公共服务的需要，可能拥有巨大赤字，必须依靠中央银行解决，中央银行帮助解决这些赤字，又势必引起通货膨胀，不得不实行紧缩政策，提高利率。但提高利率又会增加财政负担，加剧财政赤字。

(二) 政策选择和需求结构

财政政策和货币政策都可以调节总需求，都会对总需求结构发生不同影响。政府在决定选择哪一种政策时，首先要考虑主要是要刺激总需求中的哪一部分。如果萧条主要是由于私人投资不足引起的，则宜用货币政策或投资补贴；如果主要刺激住宅投资，最好用货币政策；如果主要是刺激其他私人投资，则也许用投资补贴办法更为有效；如果主要是刺激消费，则可用减税和增加转移支付办法。

(三) 财政政策和货币政策的混合使用

政策选择的适用情况如表 9.1 所示。

表 9.1 财政政策和货币政策的混合使用

	政策选择	适用情况
1	膨胀性财政政策与膨胀性货币政策	经济萧条严重
2	膨胀性财政政策与紧缩性货币政策	经济萧条但不严重
3	紧缩性财政政策与紧缩性货币政策	通货膨胀严重
4	紧缩性财政政策与膨胀性货币政策	通货膨胀但不严重

扩张性财政政策，通过减少税收，能够扩大总需求，增加国民收入，但会引起利率提高，抑制私人投资，产生挤出效应，减少财政政策对经济的扩张作用；扩张性货币政策，抑制利率上升，扩大信贷，扩大企业投资，减少扩张性货币政策的挤出效应，扩大总需求，增加国民收入。同时运用扩张性财政政策和扩张性货币政策，比单纯运用扩张性货币政策或扩张性财政政策有着更大的缓和衰退、刺激经济的作用。

扩张性财政政策有助于通过减税和增加支出，克服总需求不足和经济萧条；紧缩性货币政策可以控制货币供给量增长，从而减轻夸张性财政政策带来的通货膨胀的压力。即综合运用可以在刺激总需求的同时，又抑制通货膨胀。

第九章 宏观经济政策

但注意扩大政府支出和减税，并不一定足够刺激总需求的增加，反而会使利率上升，国民收入下降，导致赤字居高不下。

当经济过热，发生通货膨胀时，实施紧缩性财政政策，减少政府支出，提高利率，以压缩总需求，抑制通货膨胀，减少国民收入；实施紧缩性货币政策，减少货币供给量，减缓物价上涨。紧缩性财政政策在抑制总需求时，使利率下降，紧缩性货币政策使利率提高，抑制企业投资，减少国民收入。两者配合使用将对膨胀的经济起到紧缩作用，不过这种政策长期使用将会带来经济衰退，增加失业。

紧缩性财政政策可以减少赤字，而扩张性货币政策则使利率下降，在紧缩预算的同时，松弛银根，刺激投资带动经济发展。但注意这种政策如果使用不当，会使经济陷入滞胀。

第十章 失业和通货膨胀理论

在现实经济生活中,总需求和总供给由于经常受到外界干扰因素的影响而经常处于变化中,也就是说,西方的市场经济经常遭受失业和通货膨胀的痛苦和损害。为了避免这种痛苦和损害,西方学者对失业和通货膨胀进行了比较系统的研究。本章对这方面研究的成果加以概略地说明。

第一节 失业理论

一、失业的数据

西方国家重视失业问题,从而经常通过民间和官方组织来收集和公布失业的数据。例如,美国的盖洛普(Gallup)公司经常进行民意调查,向人们询问什么是美国面临的最主要问题,答案可能包括毒品、犯罪、污染和核战争等。如果美国的失业率达到了9.5%,接受调查的大多数美国人都认为失业是当时美国面临的最主要的问题。如果美国的失业率为5.6%,美国的民意调查表明,失业已不被认为是主要的问题。也就是说,当失业率高时,失业就被视为美国的全国性问题,而当失业率低时,失业就不被列在重要问题的名单中。

二、失业的概念

失业是有劳动能力的人想工作而找不到工作的社会现象。

计量失业的指标有两个,失业人数和失业率。失业人数指属于上述失业定义范围的人数。失业率指劳动大军中没有工作而又在寻找工作的人所占的比例,失业率的波动反映了就业的波动情况。失业率=失业人数/全部劳动者人数。当就业下降时,由于工人被解雇,失业率上升。失业率在经济衰退期间上升，在经济复苏期间下降。

三、失业的类型

(一) 自然失业

自然失业是指由于经济中某些难以克服的原因所引起的失业，在任何动态市场经济中这种失业都是必然存在的。现代经济学家按引起失业的具体原因把自然失业分成这样一些类型。

1. 摩擦性失业

摩擦性失业是由劳动力的正常流动引起的。经济中由于正常的劳动力流动而引起的失业。在一个动态的经济中，各行业、各部门与各地区间劳动需求的变动是经常发生的。这种变动必然导致劳动力的流动，在劳动力流动过程中总有部分人处于失业状态，这就形成了摩擦性失业。

2. 求职性失业

求职性失业是由劳动者的离职跳槽造成的。人们不满意现有的工作，离职去寻找更理想的工作所造成的失业。这种失业的存在，主要原因是劳动力市场不是同质的，即使是完全相同的工作也存在着工资与其他条件的差异，而且劳动力市场信息又是不充分的，并不是每一个人都可以得到完全的工作信息。如果好工作的收益大于寻找这种工作的成本，人们就宁愿失业去找工作。在寻找理想工作期间的失业就是求职性失业。

3. 结构性失业

结构性失业是由于劳动力和岗位的不适应引起的。由于劳动力市场结构的特点，劳动力的流动不能适应劳动力需求变动所引起的失业。经济结构的变动（如有些部门发展迅速，而有的部门正在收缩；有些地区正在开发，而有的地区已经衰退）要求劳动力的流动能迅速适应这些变动，但由于劳动力有其一时难以改变的技术、地区、性别等结构性原因，很难适应经济结构的这种变动，从而就会出现失业。这时往往是失业与"空岗位"并存。

4. 技术性失业

技术性失业是由于技术进步，设备代替工人引起的。由于技术进步所引起的失业。在经济增长过程中，技术进步的必然趋势使生产中愈来愈广泛地采用了资本密集性技术，越来越先进的设备代替了工人的劳动。这样对劳动力需求的相对缩小就会使失业增加。此外，在经济增长过程中，资本品相对价格的下降和劳动力相对价格的上升加剧了机器取代工人的趋势，从而也就加重了这种失业。

5. 季节性失业

季节性失业是由季节变动引起的。由于某些行业生产的季节性变动所引起的失业。某些行业生产具有季节性，生产繁忙的季节需要的工人多，生产淡季所需要的工人少，这样就会引起具有季节性变动特点的失业。这些行业生产的季节性是自然条件决定的，很难改变。

6. 古典失业

古典失业是由工资刚性引起的。由于工资刚性所引起的失业。按照古典经济学家的假设，如果工资有完全的伸缩性，则通过工资的调节能实现人人都有工作。但由于人类的本性不愿意使工资下降，而工会的存在与最低工资法又限制了工资的下降，这就形成工资不能升不能降的工资刚性。这种工资刚性的存在，使部分工人无法受雇，从而形成失业。这种失业由古典经济学家提出，故称为古典失业。凯恩斯也把这种失业称为自愿失业。

（二）隐蔽性失业

隐蔽性失业是指表面上有工作，实际上对生产并没有做出贡献的人，即有职无工的人，处于这种失业状态的劳动者，表面上是就业，但实际上他从事的是与其能力不相符的工作。这一概念是西方经济学家琼·罗宾逊首先提出的，上世纪30年代发达国家在经济大萧条时期，大量的熟练工人不得不从事非熟练工作，造成劳动生产力的严重浪费，因而在当时的社会存在着隐蔽的劳动潜力现象。

（三）周期性失业

周期性失业是指经济周期中的衰退和萧条时，因需求下降而造成的失业，这种失业是由整个经济的支出和产出下降造成的。当经济中的总需求的减少降低了总产出时，会引起整个经济体系的较普遍的失业。周期性失业又称为需求不足的失业，也就是凯恩斯所说的非自愿失业。根据凯恩斯的分析，就业水平取决于国民收入水平，而国民收入又取决于总需求，周期性失业就是由于总需求不足而引起的短期失业，它一般出现在经济周期的萧条阶段，故称周期性失业。可以用紧缩性缺口来说明这种失业产生的原因，紧缩性缺口是指实际总需求小于充分就业的总需求时，实际总需求与充分就业总需求之间的差额。由于需求不足而引起的短期失业，一般出现在经济周期的萧条阶段，故称周期性失业。消灭了周期性失业时的就业状态就称充分就业。充分就业并非人人都有工作。

四、失业的影响

失业是市场经济发展中出现地一种经济现象。失业会给个人、家庭和社会带来多方面地影响。

(一) 有利影响

首先,失业可以促进人尽其才,带来人力资本的充分利用。失业率提高,意味着失业人口增加,那么一定时期中,做相同工作量的劳动力减少,增加了工作量,劳动者被迫提高了劳动生产率,使人力资本得到了充分利用。

其次,失业有利于劳动力资源的优化配置。劳动者失业,意味着劳动者与之前的工作岗位存在着各个方面的不适应,特别是劳动力能力与岗位不匹配会带来劳动力资源的浪费,失业可以促使劳动力资源流向与自身素质更加匹配的岗位,从而实现劳动力资源的优化配置。

最后,失业可以促进劳动力不断提高自己的素质和劳动技能。失业率提高,失业人口增加,促使失业者不断地加入培训,提高受教育水平,提高劳动技能,以实现就业,从而能提高劳动者素质。

(二) 不利影响

首先,失业会造成个人收入,生活水平下降,增加社会福利负担。对于个人来说,如果自愿失业,会给他带来闲暇的享受;但如果是非自愿失业,则会使他的收入减少,从而生活水平下降。对社会来说,失业增加了社会福利的支出,造成财政困难。

其次,失业会造成国民收入减少。从整个经济来看,失业在经济上最大的损失就是实际国民收入的减少。美国经济学家奥肯(Arthur M. Okun)通过研究得出了失业率和国民收入之间关系的结论——奥肯定律。该定律认为,在美国,如果失业率每高于自然失业率1个百分点,实际产出将会低于潜在产出3%。奥肯定律所描述的失业率与实际国民收入增长之间的反方向变动关系的比率是根据美国统计资料得出的,数量关系不一定准确,它会随时间、条件、对象的变化而变化,但它所描述的这一数量关系对现实经济具有重要意义。

最后,失业会影响社会稳定,带来其他社会问题。失业不但会使失业者及其家庭的收入和消费水平下降,而且会给人的心理造成巨大的创伤,带来一系列社会问题。西方经济学家已经发现,高失业率常常与吸毒、高离婚率及高犯罪率联系在一起,西方有关的心理学家研究指出,解雇造成的创伤不亚于亲友的去世或学业上的失败。此外,家庭之外的人际关系也受到失业的严重影响。

一个失业者在就业的人员当中失去了自尊和影响力,面临着被同事拒绝的可能性,并且可能要失去自尊和自信,最终失业者在情感上受到严重打击。

第二节 通货膨胀理论

一、通货膨胀及其衡量

(一) 什么是通货膨胀

通货膨胀指物价整体水平持续性上升。

理解:第一,物价的上升不是指一种或几种商品物价的上升,而是物价水平的普遍上升,即物价总水平的上升;第二,不是指物价水平的一时的上升,而是指持续一定时期的物价上升。

(二) 衡量通货膨胀的指标

衡量通货膨胀的指标是通货膨胀率。通货膨胀率被定义为从一个时期到另一个时期价格水平变动的百分比,即

$$通货膨胀率 = \frac{P_t - P_{t-1}}{P_{t-1}} \quad (10.1)$$

其中,P_t,P_{t-1} 为 t 期和 $t-1$ 期的价格水平。可用 CPI 代替价格水平。

衡量通货膨胀的指标是物价指数。物价指数是表明某些商品的价格从一个时期到下一个时期变动程度的指数。

根据计算物价指数时包括的商品品种的不同,主要有三种物价指数。

第一,消费物价指数(CPI),又称零售物价指数或生活费用指数,是衡量各个时期居民个人消费的商品和劳务零售价格变化指标;通过计算城市居民日常消费的生活用品和劳务的价格水平变动而得的指数,计算公式是

一定时期消费价格指数 = 本期价格指数/基数价格指数×100%

或

$$消费物价指数 = \frac{一组固定商品按当期价格计算的价值}{一组固定商品按基期价格计算的价值} \times 100 \quad (10.2)$$

第二,批发物价指数(producer price index, PPI),是衡量各个时期生产资料(即资本品)与消费资料(即消费品)批发价格变化的指标,通过计算

生产者在生产过程中所有阶段上所获得的产品的价格水平变动而得的指数。这些产品包括产成品和原材料。

第三，国民生产总值价格折算指数（GNP deflator），是衡量各个时期一切商品与劳务价格变化的指标。

国民生产总值价格折算指数=名义国民生产总值/实际国民生产总值　　(10.3)

在这三种指数中，消费价格指数与人民生活水平关系最密切，因此，一般都用消费价格指数来衡量通货膨胀。

二、通货膨胀分类

按通货膨胀的严重程度，可以把通货膨胀分为以下几类。

1. 潜行（爬行、温和）的通货膨胀

通货膨胀率小于3%~10%，目前，许多国家都存在这种温和类型的通货膨胀。一些西方经济学家并不十分害怕温和的通货膨胀，甚至有些人还认为这样缓慢而逐步上升的价格对经济和收入的增长有积极的刺激作用。

2. 飞奔（或奔驰的）的通货膨胀

较长时期内发生的物价水平较大幅度的持续上升。通货膨胀率一般都在10%~100%。这种通货膨胀发生以后，由于价格上涨率高，公众预期价格还会进一步上涨，因而采取各种措施来保卫自己，以免受通货膨胀之害，这使通货膨胀更加严重。所以这种通货膨胀对经济有不利影响。

3. 恶性（或超速）通货膨胀

通货膨胀率在100%以上。发生这种通货膨胀时，价格持续猛涨，使人们对本国货币完全失去了信任，本国货币完全失去了价值储藏功能，人们都尽快地使货币脱手，储蓄实物而不是货币。结果是对货币完全失去信任，货币购买力猛降，各种正常的经济联系遭到破坏，以致使货币体系和价格体系最后完全崩溃，在严重的情况下，还会出现社会动乱。

三、通货膨胀的原因

1. 需求拉动通货膨胀

又称超额需求通货膨胀，是指总需求超过总供给所引起的一般价格水平的持续显著的上涨。需求拉动通货膨胀理论是一种比较传统的通货膨胀理论，这种理论把通货膨胀解释为"过多的货币追求过少的商品"。

西方经济学家认为，不论总需求的过度增长是来自消费需求、投资需求，或是来自政府需求、国外需求，都会导致需求拉动通货膨胀。需求方面的原因或冲击主要包括财政政策、货币政策、消费习惯的突然改变，国际市场的需求变动等。

2. 成本推动通货膨胀

从总供给的角度看，引起通货膨胀的原因在于成本的增加。成本的增加意味着只有在高于从前的价格水平时，才能达到与以前同样的产量水平，即总供给曲线向左上方移动。在总需求不变的情况下，总供给曲线向左上方移动使国民收入减少，价格水平上升，这种价格上升就是成本推动的通货膨胀。

成本推动的通货膨胀理论分为三种。

(1) 工资成本推动的通货膨胀理论。这种理论认为，强有力的工会组织对雇主提出过分的增加工资的要求，使工资的增长率大于劳动生产率的增长率，这就引起产品成本的提高和物价水平的上升。它存在于不完全竞争的劳动市场，有工会的部门中，工会的压力迫使雇主不得不提高工资。由于工资决定中的"攀比原则"，没有工会的部门也不得不提高工资。这样，一个部门的工资提高，迟早会扩展到所有的部门。厂商无法抵制这种工资的提高，只好把工资的增加打入成本，提高产品的价格，于是，在总需求没有任何增加的情况下，就产生了工资成本推动的通货膨胀。

(2) 利润推动的通货膨胀理论（又叫价格推进的通货膨胀）。这种理论认为，在市场拥有垄断地位的厂商可以自行决定产品价格，这样，他们就可以不管市场商品的供求关系，以成本增加为借口，使产品价格上升的幅度大于成本增加的幅度。这种厂商为了获得更多利润而使价格上升所引起的通货膨胀就是利润推动的通货膨胀。这种通货膨胀的根源在于商品市场的不完全竞争。

(3) 进口性通货膨胀与出口性通货膨胀。一国经济中一些重要的进口品价格上升会引起用这些进口品作为原料的本国产品生产成本的上升，从而导致物价水平的上涨。这种类型的成本推动通货膨胀就是进口性通货膨胀。这种通货膨胀极容易变为滞胀。与此相应，如果出口迅速扩张，以致出口生产部门的边际生产成本上升，国内市场的产品供给不足，也会导致国内物价水平上升。这种情况就是出口性通货膨胀。

3. 混合通货膨胀

许多经济学家认为，大多数通货膨胀的发生实际上总是包含了需求和供给两方面因素的共同作用。

如果通货膨胀的过程是从总需求方面开始的，这时过度需求的存在会引起物价水平上升，形成通货膨胀。但在这一过程中，物价水平的上升又会引起货币工资增加。因此，在需求拉动的通货膨胀中不能排除成本推动的作用。在需求拉动与成本推动的共同作用之下，通货膨胀就会持续下去。

如果通货膨胀的过程是从总供给方面开始的，即货币工资的增加使成本增加引起物价水平上升，那么，除非在这一过程中有总需求的相应增加，否则通货膨胀也不会持续下去。这是因为，没有总需求的相应增加，价格上升会使需求减少，厂商不得不减少产量，从而失业增加，最终导致经济萧条，在这种情况下，通货膨胀也会停止。

4. 结构性通货膨胀

指经济结构变动所引起的通货膨胀。它的前提是市场具有不完全性，这主要包括两方面的内容，即资源在部门间缺乏流动性和垄断因素所引起的工资率和价格向下刚性。这种理论从各生产部门之间劳动生产率的差异、劳动市场的结构特征和各生产部门之间收入水平的赶超速度等角度分析了由于经济结构特点而引起通货膨胀的过程。

英国经济学家希克斯（John Richard Hicks）对扩展部门与非扩展部门进行了结构分析。他认为经济中扩展部门正在扩大，需要更多的资源与工人，而非扩展部门已在收缩，资源与工人过剩。如果资源与工人能迅速地由非扩展部门流动到扩展部门，则这种结构性通货膨胀就不会发生。但在现实中，由于种种限制，非扩展部门的资源与工人不能迅速地流动到扩展部门。这样，扩展部门由于资源与人力短缺，资源价格上升，工资上升，而非扩展部门尽管资源与人力过剩，但资源价格并不会下降，尤其是工资不仅不会下降，还会由于攀比行为而上升。这样，就会由于扩展部门的总需求过度和这两个部门的成本增加，尤其是工资成本的增加而产生通货膨胀。

四、通货膨胀的影响

（一）通货膨胀的收入再分配效应

通货膨胀有利于名义收入增长速度高于价格水平上涨速度的人，不利于名义收入增长速度低于价格水平上涨速度的人；有利于债务人不利于债权人；有利于政府不利于公众；有利于雇主不利于雇员。

就利润收入者与工资收入者而言，通货膨胀是有利于前者而不利于后者的。对利润收入者来说，具有垄断地位的厂商由通货膨胀中获得更大好处；对工资收入者来说，那些工会力量强大的行业的工人可以通过工会强大的压力，迫使厂商尽快地按通货膨胀率调整工资，从而使所受的损失小。那些有技术的专业工人，由于通货膨胀时期经济繁荣，厂商对他们的需求更大，从而就可能得到较高的工资，所受的损失小，甚至还有所受益。另外有两类工资收入者所受的损失要大一些。一种是非工会会员工人，他们的工资不受工会保护，加之，他们大多在中小企业中就业，这些企业本身还要受通货膨胀之苦，从而他们的工资调整要慢得多，所受损失也就大。另一种是行政人员，他们的工资合同都是长期的，并不能随通货膨胀率而迅速调整，从而就会由于通货膨胀而受损失。还应特别指出的是，在通货膨胀中受打击最大的是退休金领取者，他们靠退休金与社会保险金生活，在通货膨胀时期退休金或社会保险金没有调整，或调整很少，从而被认为是通货膨胀最大的受害者。

就债权人与债务人而言，通货膨胀是不利于前者而有利于后者的。

（二）财产分配效应

通货膨胀的财产分配效应就取决于不同居民户所拥有财产与负债的比例。一般而言，财产的货币价值会由于通货膨胀而变动，有的财产会升值，如可变价格资产，像可变价格的债券，而有的会贬值，如固定价格资产、银行存款等。债务则会由于通货膨胀而减少。

（三）通货膨胀的产量（产出）效应

由于物价水平的上升速度快于货币工资的上升速度，从而厂商的实际利润增加，这会刺激企业扩大再生产，从而发生减少失业增加国民产出的效应。（前提是社会上要有闲置资源；闲置资源流动无结构刚性或瓶颈现象约束；通货膨胀还必须是温和的；只在短期发挥租用。）

通货膨胀的产量效应指通货膨胀对整个经济的产量与就业水平的影响。下面考虑可能出现的三种情况。第一种情况：随着通货膨胀出现，产出增加。这就是需求拉动的通货膨胀的刺激，促进了产出水平的提高。许多经济学家长期以来坚持这样的看法，即认为温和的或爬行的需求拉动通货膨胀对产出和就业将有扩大的效应。假设总需求增加，经济复苏，造成一定程度的需求拉动的通货膨胀。在这种条件下，产品的价格会跑到工资和其他资源的价格的面前，由此而扩大了企业的利润。利润的增加就会刺激企业扩大生产，从而产生减少失业，增加国民产出的效果。第二种情况：成本推动通货膨胀引致失业。这里讲的是由通货膨胀引起的产出和就业的下降。假定在原总需求水平下，经济实现了充分就业和物价稳定。如果发生了成本推动通货膨胀，则原来总需求所能购买的实际产品的数量将会减少。第三种情况：超级通货膨胀导致经济崩溃。

（四）对政府收益的影响

就政府与公众而言，通货膨胀是有利于前者而不利于后者的。因为在累进税率与税率固定的情况下，通货膨胀所引起的名义收入增加会使税收增加，从而以减少公众的实际收入为代价增加了政府税收。

(五) 通货膨胀与经济增长

(1) 促进论。这种观点认为,从总体上看,通货膨胀能对经济增长起到积极的促进作用。一些发展经济学家,如刘易斯(William Arthur Lewis)、美国经济学家乔治斯库-罗金(Nicholas Georgescu-Roegen)、理查德·泰勒(Richard Thaler)等人,提出通过通货膨胀可以刺激经济发展。

(2) 促退论。以美国经济学家哈伯格(Arnold C. Harberger)、沃格尔(Ezra F. Vogel)和加拿大经济学家蒙德尔(Robert. Mundell)等为代表的经济学家则认为,通货膨胀会导致经济效率低下,从而阻碍经济增长。这种观点也被称为"通货膨胀扭曲论"。

(3) 中性论。这种观点认为,在短期中由于政府政策所引起的通货膨胀也许会影响产量,但从长期来看,通货膨胀对产量和经济增长没有什么影响。

五、通货膨胀与失业的关系

自20世纪70年代以来,资本主义国家出现了滞胀,引发了西方经济学家对失业和通货膨胀之间的关系研究。在宏观经济学中,失业和通货膨胀的关系主要用菲利普斯曲线来说明。不同的经济学家,有不同的观点。

(一) 凯恩斯的观点

凯恩斯认为失业与通货膨胀不会并存。他认为如果存在失业,资源闲置,总需求AD的增加只会使国民收入Y增加,而价格P不变。如充分就业,资源充分利用,总需求AD增加会使价格P增加,而国民收入Y不变。

(二) 菲利浦斯曲线

新西兰经济学家菲利浦斯(A. W. Phillips)认为失业与通货膨胀之间存在交替关系。1958年,菲利普斯通过整理英国1861至1957年的统计资料,发现在货币工资增长率和失业率之间存在一种负相关的关系。当失业率高时,通货膨胀率低;当失业率低时,通货膨胀率高,如图10.1所示。

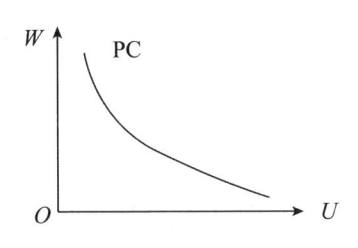

图 10.1 菲利浦斯曲线

菲利浦斯曲线提出了这样几个重要的观点。

第一，通货膨胀是由于工资成本推动所引起的，这就是成本推动通货膨胀理论。正是这一理论把货币工资增长率与通货膨胀率联系起来。

第二，承认了通货膨胀与失业的交替关系。这就否认了凯恩斯关于失业与通货膨胀不会并存的观点。

第三，当失业率为自然率时，通货膨胀率为零。因此，也可以把自然失业率定义为通货膨胀率为零时的失业率。

第四，为政策选择提供了理论依据。这就是可以运用扩张性宏观经济政策，以较高的通货膨胀率来换取较低的失业率；也可以运用紧缩性宏观经济政策，以较高的失业率来换取较低的通货膨胀率。这也是菲利浦斯曲线的政策含义。

菲利浦斯曲线所反映的失业与通货膨胀之间的交替关系基本符合 20 世纪 50 到 60 年代西方国家实际情况。20 世纪 70 年代末期，由于滞涨的出现，失业与通货膨胀之间又不存在这种关系了，于是对失业与通货膨胀之间的关系又有了新的解释。

第十一章 经济增长理论

从亚当·斯密（Adam Smith）开始，西方经济学家就在研究经济增长问题，但是，经济增长理论得到迅速发展，并成为宏观经济学的一个重要组成部分是在第二次世界大战以后。这首先是因为，战后的国际形势发生了重大变化，实现经济增长成为维护资本主义制度的头等大事，其次，经济增长理论是凯恩斯主义的长期化与动态化的结果。许多经济增长理论是在把凯恩斯的短期分析长期化、比较静态分析动态化的过程中形成与发展起来的。

第一节 经济增长的概念与衡量

一、概念

经济增长为一国在一定时期内国内生产总值或国民收入供给量的增长，即总产出量的增加。

理解经济增长定义需要注意以下几个问题：首先要注意的是时间；其次是经济增长通常用国内生产总值或国民收入变动率作为衡量指标；此外，衡量经济增长不仅要看经济活动的总量增加多少，而且要看某一时期平均每人生产的产量增加多少，因此，还要按人口增长的情况校正实际国内生产总值；最后要注意的是经济增长与经济发展是两个具有不同含义的概念。

二、经济增长的衡量指标

经济增长的程度可以用增长率来描述。公式表示如下。
（1）总产量意义下的增长率：

$$G_t = \frac{Y_t - Y_{t-1}}{Y_{t-1}} \tag{11.1}$$

(2) 人均产量意义下的增长率：

$$g_t = \frac{y_t - y_{t-1}}{y_{t-1}} \tag{11.2}$$

西方经济学家一般采用国内生产总值作为衡量商品和劳务生产总量的标准。然而，国内生产总值增长率不能完全看作就是经济增长率。

首先，国内生产总值增长中含有的物价上涨因素必须剔除。

其次，应考虑人口变动因素。

第三，有些经济学家认为，衡量经济增长，不应以实际的 GDP 为标准，而应以国家的生产能力即潜在的 GDP 为标准，方可抽去总需求变动因素。

第四，一些经济学家认为，不管是用实际的 GDP，还是潜在的 GDP 来作为衡量经济标准，都有缺陷。若经济增长局限在物质产出上，会忽视人类其他方面福利的增进，如工作时间缩短、产品质量改进、医疗进步等都难以得到反映；又如，不经过市场的许多活动无法统计到经济增长中去；还有，对增长给社会带来的环境污染、资源枯竭等也难以计算进去。

总之，经济增长衡量标准问题还有待进一步研究。

三、经济增长与经济发展的关系

(一) 经济增长与经济发展的区别

经济增长是一个量的概念，经济发展是一个质的概念。

(二) 经济增长与经济发展的联系

经济发展包括经济增长，还包括国民的生活质量，以及整个社会经济结构和制度结构的总体进步。

四、经济增长的源泉

(一) 生产要素供给的增长

在一个规模报酬不变和没有技术进步的经济中，产出的增长率是资本和劳动增长率的加权总和。

(二) 生产要素的生产率——剩余

产出的实际增长和根据要素投入增加而预测的增长之间的差距可称为剩

余。它说明生产要素的生产效率如何,是一个除劳动和资本增加以外的一切产出增长的源泉。

第二节 经济增长理论

一、古典经济增长理论

为了对经济增长寻找一个令人满意的解释,多少代经济学家为之倾注了大量的时间和精力。分析经济增长的过程是英国古典经济学家的中心特点,毫无疑问他们是现代经济增长理论的先驱。亚当·斯密在其经典著作《国民财富的性质和原因的研究》中最早论述了经济增长问题,提出了许多认识经济增长的基本概念。斯密认识到,增长的动力在于劳动分工、资本积累和技术进步。斯密认为,个人的正当动机是启动和维持经济增长过程的最重要的因素,让人们追求自身的利益有利于促进经济增长。他强调稳定的法律制度的重要性,市场的无形的手只有在这样的体制下才能发挥作用。他说明,只有开放的贸易体制,才能使穷国赶上富国。

大卫·李嘉图(David Ricardo)在《政治经济学与赋税原理》中提出了认识经济增长的一个重要概念,即报酬递减规律。他同意斯密对资本积累的强调,然而通过其论证得出了一个悲观的结论。他指出,在土地上增加投资,得到的回报会不断减少。他的模型缺乏技术进步的概念,在报酬递减规律的支配下,人口增长和资源消耗与资本积累和市场扩大之间的竞争,最终将使资本积累停止,人口保持稳定,经济进入稳定状态。这意味着,经济增长过程最终会停止,尽管对外贸易会暂时延缓这一过程。

现代经济增长理论是直接从凯恩斯的理论派生出来的。在凯恩斯革命前的一个多世纪中,正统的经济学主要研究资源的有效配置,而不研究经济增长理论。哈罗德(Roy F. Harrod)《动态理论》和多马(Evsey D. Domar)《资本扩张,增长率和就业》的研究是现代经济增长理论的开端,他们试图将凯恩斯主义的分析结合到经济增长分析中。他们使用生产投入要素间无替代性的生产函数,认为资本主义制度本质上是不稳定的。由于发表于大危机期间或大危机之后,这些观点引起许多经济学家的共鸣并被接受。尽管这些贡献在当时引发了大量的研究,但这些分析对现代经济增长理论几乎不起作用。

二、新古典经济增长理论

现代经济增长理论的基础是在20世纪50年代由索洛（Robert Merton Solow）《对经济增长理论的一个贡献》和斯旺（Trevor Swan）《经济增长和资本积累》奠定的新古典经济增长理论。他们的模型描述完全竞争的经济，产出的增长是对应于资本（各种物质资产）和劳动投入的增长。这一经济遵循报酬递减法则，即在劳动供给不变时，新增资本得到的报酬会递减，要素之间存在正的平滑的替代弹性。新古典生产函数与储蓄率不变的假设相结合，形成一个极为简单的一般均衡模型。

上述假设使新古典增长模型具有两个重要的经济含义。第一，当资本存量增长时，经济增长会减慢，最终经济增长将停止，理由是资本报酬递减规律。第二，穷国应该比富国增长更快，理由也是资本报酬递减规律。因为穷国每个劳动力平均使用的资本较少，每一新投资能得到报酬率较高。这一结论被称为条件趋同，意指这种趋同是有条件的。在索洛-斯旺模型中，劳动力平均资本量和劳动力平均产量的稳定状态水平，决定于储蓄率、人口增长率和生产函数的位置等因素。

三、新经济增长理论

经济学家往往不是根据重要性来决定其研究课题，而看能否说出一些新意。这正是经济增长理论研究，失去活力而又重新活跃的原因。因为经济学家没有什么新意可谈，所以经济增长研究在20世纪60年代停滞了下来，经济学的天才们不愿意研究这一最为重要的论题。20年后这种倾向改变了，一些经济学家开始用新的增长理论，来解释人民收入在不同国家及不同时期的巨大差距。收益猛增、人力资本、研究与开发、技术扩散、边干边学及外部性等论题成为新增长理论研究的中心。许多国家关于经济增长的大量统计数据的可获性，使经济增长理论分析和经验研究相互促进、不断更新、充满活力，吸引了不同领域经济学家的广泛兴趣。

以罗默（Paul Romer）《报酬递增和长期增长》和卢卡斯（Robert Lucas）《论发展规划的机制》的著作为开端，20世纪80年代中期以来，经济增长理论研究出现了新的高潮。这一研究的动力是，认识到长期经济增长的决定因素是极为重要的，比商业周期机制或财政货币政策的反周期效应要重要得多。但认识到长期增长的重要性仅仅是第一步，要再深入一步，则必须摆脱新古典增长模型的束缚。在新古典增长模型中，长期人均产出的增长率是由外生技术进步率所决定的。最近的贡献则是以这种或那种方式在模型的内部决定经济的长期增长率,因此这些模型被称作内生经济增长模型。

20世纪80、90年代和20世纪60年代的增长理论的最明显的区别在于最近的研究更注重经验研究以及理论和数据间的关系。这种从应用出发的研究有的扩展了旧理论的经验内容,例如新古典增长模型的条件趋同的预测。其他的分析则更直接地应用到最近的内生经济增长理论,包括递增收益的作用,研究和开发活动,人力资本和技术扩散。

第三节 哈罗德-多马经济增长模型

一、假设前提

(1) 全社会只生产一种产品。
(2) 只有两种生产要素,劳动和资本,两者不可被替代。
(3) 生产规模报酬不变。即生产一单位产品所需要的资本和劳动的数量都是固定不变的。
(4) 技术条件不变。
(5) 平均储蓄倾向等于边际储蓄倾向。

二、模型基本公式

哈罗德-多马模型的基本公式可以表示如下。

$$G = \frac{\Delta Y}{Y} = \frac{s}{v} \tag{11.3}$$

它表明,当经济处于均衡时,国民收入增长率等于该社会的储蓄率除以资本-产出比。

哈罗德-多马模型反映了经济增长率与储蓄率和资本产出比之间的关系。在资本-产量比既定的条件下,如果要获得一定的增长率,就必须维持一定的能为投资所吸收的储蓄率;反之,若将一定的储蓄率形成的储蓄全部为投资所吸收,经济就必须保持一定的增长率。在资本产出比不变的条件下,储蓄率越高,经济的增长率越高,反之,储蓄率越低,经济增长率也就越低。

第十二章 经济周期理论

第一节 经济周期的定义

经济周期是指经济运行中周期性出现的经济扩张与经济紧缩交替更迭、循环往复的一种现象，是国民总产出、总收入和总就业的波动。在市场经济条件下，一个企业生产经营状况的好坏，既受其内部条件的影响，又受其外部宏观经济环境和市场环境的影响。

第二节 经济周期的阶段划分

一、两阶段法

两阶段法认为，经济波动以经济中的许多成分普遍而同期地扩张和收缩为特征，持续时间通常为2到10年。现代宏观经济学中，经济周期发生在实际GDP相对于潜在GDP上升（扩张）或下降（收缩或衰退）的时候。每一个经济周期都可以分为上升和下降两个阶段。上升阶段也称为繁荣，最高点称为顶峰。然而，顶峰也是经济由盛转衰的转折点，此后经济就进入下降阶段，即衰退。衰退严重则经济进入萧条，衰退的最低点称为谷底。当然，谷底也是经济由衰转盛的一个转折点，此后经济进入上升阶段。经济从一个顶峰到另一个顶峰，或者从一个谷底到另一个谷底，就是一次完整的经济周期。现代经济学关于经济周期的定义，建立在经济增长率变化的基础上，指的是增长率上升和下降的交替过程。

经济周期波动的扩张阶段，是宏观经济环境和市场环境日益活跃的季节。这时，市场需求旺盛，订货饱满，商品畅销，生产趋升，资金周转灵便。企业的供、产、销和人、财、物都比较好安排。企业处于较为宽松有利的外部环境中。

经济周期波动的收缩阶段，是宏观经济环境和市场环境日趋紧缩的季节。这时，市场需求疲软，订货不足，商品滞销，生产下降，资金周转不畅。企业在供、产、销和人、财、物方面都会遇到很多困难。企业处于较恶劣的外部环境中。经济的衰退既有破坏作用，又有"自动调节"作用。在经济衰退中，一些企业破产，退出商海；一些企业亏损，陷入困境，寻求新的出路；一些企业顶住恶劣的气候，在逆境中站稳了脚跟，并求得新的生存和发展。这就是市场经济下"优胜劣汰"的企业生存法则。

二、四阶段法

将经济周期分为四阶段：繁荣、衰退、萧条、复苏。如图 12.1 所示，$A—B$ 为衰退，$B—C$ 为萧条，$C—D$ 为复苏，$D—E$ 为繁荣。

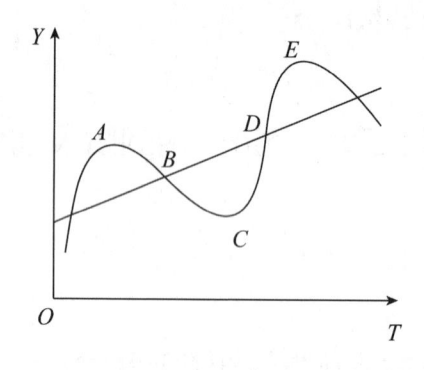

图 12.1 经济周期四阶段

经济周期的特点是国民总产出、总收入、总就业量的波动，它以大多数经济部门的扩张与收缩为标志。经济衰退的普遍特征：消费者需求、投资急剧下降；对劳动的需求、产出下降、企业利润急剧下滑、股票价格和利率一般也会下降。衰退指实际 GDP 至少连续两个季度下降，萧条指规模广且持续时间长的衰退。

第三节 经济周期的类型

一、朱格拉周期

朱格拉周期理论是针对资本主义经济中一种为期约 10 年的周期性波动而提出的理论。法国经济学家朱格拉（Clèment Juglar）于 1862 年出版了《法国、英国及美国的商业危机及其周期》一书中，提出了资本主义经济存在着 9~10 年的周期波动，一般称为"朱格拉周期"。熊彼特（Joseph Alois Schumpeter）把这种周期称为中周期，或朱格拉周期。汉森则把这种周期称为"主要经济周期"。

朱格拉在研究人口、结婚、出生、死亡等统计时开始注意到经济事物存在着有规则的波动现象。他认为，存在着危机或恐慌并不是一种独立的现象，而是社会经济运动三个阶段中的一个，这三个阶段是繁荣、危机与萧条。三个阶段的反复出现就形成了周期现象。他又指出，危机好像疫病一样，是已发达的工商业中的一种社会现象，在某种程度内这种周期波动是可以被预见或采取某种措施缓和的，但并非可以完全抑制。他认为，政治、战争、农业歉收及气候恶化等因素并非周期波动的主要根源，它们只能加重经济恶化的趋势。周期波动是经济自动发生的现象，与人民的行为、储蓄习惯及他们对可利用的资本与信用的运用方式有直接联系。

二、基钦周期

基钦周期理论是考察资本主义经济发展中的一种历时较短的周期性经济波动而提出的理论。英国经济学家约瑟夫·基钦（Joseph Kitchin）于 1923 年提出了存在着一种 40 个月（3~4 年）左右的小周期，而一个大周期则包括两个或三个小周期，故称为"基钦周期"。基钦提到，这种小周期是心理原因所引起的有节奏的运动的结果，而这种心理原因又是受农业丰歉影响食物价格所造成的。

基钦根据美国和英国 1890 年到 1922 年的利率、物价、生产和就业等统计资料，从厂商生产过多时就会形成存货、从而减少生产的现象出发，把这种 2

~4 年的短期调整称为"存货"周期，在 40 个月中出现了有规则的上下波动，发现了这种短周期。经济学家熊彼特认为 3 个基钦周期构成一个朱格拉周期，18 个基钦周期构成一个康德拉季耶夫周期。

三、康德拉季耶夫周期

康德拉季耶夫周期理论是考察资本主义经济中历时 50~60 年的周期性波动的理论。俄国经济学家康德拉季耶夫（Nikolai D. Kondratieff）于 1925 年提出资本主义经济中存在着 50~60 年一个的周期，故称"康德拉季耶夫"周期，也称长周期。

康德拉季耶夫对英、法、美等资本主义国家 18 世纪末到 20 世纪初 100 多年的批发价格水平、利率、工资、对外贸易等 36 个系列统计项目进行加工分析，认为资本主义的经济发展过程可能存在 3 个长波：从 1789 年到 1849 年，上升部分为 25 年，下降部分 35 年，共 60 年；从 1849 年到 1896 年，上升为 24 年，下降为 23 年，共 47 年；从 1896 年起，上升 24 年，1920 年以后是下降趋势。全过程为 140 年，包括了两个半的长周期，显示出经济发展中平均为 50~60 年一个周期的长期波动。

康德拉季耶夫认为，生产技术的变革、战争和革命、新市场的开发、金矿的发现、黄金产量和储量的增加等因素都不是导致长波运动的根本原因。例如，新市场的扩大一般不会引起长时期的经济高涨，相反，经济高涨会使扩大新市场成为可能和必要。技术的新发现一般出现在长周期的下降阶段，这些新发现只会在下一个大的上升阶段开始时被大规模地应用。由于长周期的上升阶段在扩大经济实力方面引起高度紧张的局势，因此，它又是挑起战争和革命的主要因素。康德拉季耶夫认为，长波产生的根源是资本主义经济实质固有的那些东西，尤其与资本积累密切相关。

四、库兹涅茨周期

库兹涅兹周期理论是一种从生产和价格的长期运动中揭示主要资本主义国家经济周期的理论，由美国经济学家库兹涅茨（Simon Smith Kuznets）于 1930 年提出。库兹涅兹认为经济中存在一种与房屋建筑相关的周期，这种周期平均长度为 20 年，被称为"库兹涅茨"周期，也称建筑业周期。

库兹涅兹认为，现代经济体系是不断变化的，这种变化存在一种持续的、不可逆转的变动，即"长期运动"。他根据对美、英、法、德、比利时等国 19 世纪初叶到 20 世纪初期 60 种工、农业主要产品的生产量和 35 种工、农业主要产品的价格变动的时间数列资料，剔除其间短周期和中周期的变动，着重分析了有关数列的长期消长过程，提出了在主要资本主义国家存在着长度从 15 年到 20 年不等、平均长度为 20 年的"长波"或"长期消长"的论点。

参考文献

[1] 保罗·海恩. 经济学的思维方式 [M]. 北京：机械工业出版社，2015.

[2] 彼得·D·希夫，安德鲁·J·希夫. 小岛经济学 [M]. 北京：中信出版社，2016.

[3] 邓春玲. 微观经济学 [M]. 大连：东北财经大学出版社，2013.

[4] 高鸿业. 西方经济学 [M]. 北京：中国人民大学出版社，2005.

[5] 高鸿业. 西方经济学学习与教学手册 [M]. 北京：中国人民大学出版社，2005.

[6] 龚六堂. 经济学中的优化方法 [M]. 北京：北京大学出版社，2000.

[7] 龚六堂. 经济增长理论 [M]. 武汉：武汉大学出版社，2000.

[8] 胡希宁. 当代西方经济学流派 [M]. 北京：中共中央党校出版社，2004.

[9] 蒋自强等. 当代西方经济学流派 [M]. 上海：复旦大学出版社，2006.

[10] 凯恩斯. 就业、利息和货币通论 [M]. 南京：译林出版社，2019.

[11] 梁小民. 经济学是什么 [M]. 北京：北京大学出版社，2002.

[12] 梁小民. 西方经济学基础教程 [M]. 北京：北京大学出版社，1992.

[13] 吕建军，黄宏武. 经济学原理 [M]. 广州：华南理工大学出版社，2015.

[14] 罗宾斯. 经济思想史 [M]. 北京：中国人民大学出版社，2008.

[15] 罗塞尔·罗伯茨. 看不见的心：一部经济学罗曼史 [M]. 北京：中信出版社，2002.

[16] 马克思主义理论研究和建设工程重点教材配套西方经济学编写组. 西方经济学 [M]. 北京：高等教育出版社，2013.

[17] 马歇尔. 经济学原理 [M]. 海口：南海出版公司，2010.

[18] 麦克南，布鲁伊. 经济学：原理问题与政策 [M]. 北京：中国财政经济出版社，2004.

[19] 曼昆. 经济学原理 [M]. 北京：清华大学出版社，2017.

[20] 纳瑞蒙. 这才是经济学：经济学的误解与真相 [M]. 北京：机械工业出

版社，2009.
[21] 祁华清．宏观经济学［M］．北京：清华大学出版社，2007.
[22] 若迪·加利．货币政策通货膨胀与经济周期（新凯恩斯主义分析框架引论）［M］．北京：中国人民大学出版，2013.
[23] 萨缪尔森，诺德豪斯．经济学［M］．北京：人民邮电出版社，2013.
[24] 史蒂芬·列维特，史蒂芬·都伯纳．魔鬼经济学［M］．广州：广东经济出版社，2006.
[25] 司春林．现代微观经济学［M］．上海：复旦大学出版社，1998.
[26] 斯蒂格利茨．经济学［M］．北京：中国人民大学出版社，2000.
[27] 孙良媛，商春荣．现代微观经济学［M］．太原：山西经济出版社，2001.
[28] 瓦尔拉斯．纯粹经济学要义［M］．北京：商务印书馆，1989.
[29] 王超，刘宏霞．经济学案例分析［M］．北京：中国社会科学出版社，2012.
[30] 小罗伯特·E. 卢卡斯．经济周期理论研究［M］．北京：商务印书馆，2012.
[31] 薛兆丰．薛兆丰经济学讲义［M］．北京：中信出版社，2018.
[32] 亚当·斯密．国富论［M］．北京：中国华侨出版社，2018.
[33] 杨小凯．经济学原理［M］．北京：中国社会科学出版社，1998.
[34] 姚海明，华桂宏，卜海．西方经济学简明教程［M］．北京：高等教育出版社，2002.
[35] 尹伯成．经济学基础教程［M］．上海：复旦大学出版社，2018.
[36] 尤伦·鲍曼、格兰迪·克莱恩．酷玩经济学［M］．北京：中国人民大学出版社，2011.
[37] 张嘉昕．当代西方经济学流派［M］．北京：清华大学出版社，2016.
[38] 张五常．经济解释［M］．北京：中信出版社，2015.
[39] 张五常．卖橘者言［M］．成都：四川人民出版社，1988.